U0555175

筑梦牛津

潇湘蓝 主编

文汇出版社

董昕汝

接受过民办学校和体制内学校的教育,也适应国际高中英式教育的模式,在精心的放养下逐步蜕变。

邵大千（Bill SHAO）

"发掘""发现"和"发展"是孩子学会独立行走的重要开端。

University of Oxford

Taylor

真正的爱是"尊重对方认为最好的"。

张叶川

牛津学生的日常：学业是紧张的，压力是常态的，图书馆的灯是长明的，孩子们的奋斗是不息的。

祝孚嘉

"每天唤醒你的不是铃声，而是你的梦想！"

申嘉辰

选择远比努力更重要，努力的人有很多，但并不是人人都会选择。方向决定成败，失去方向的努力，往往会成为无用功。

Johnny Yan

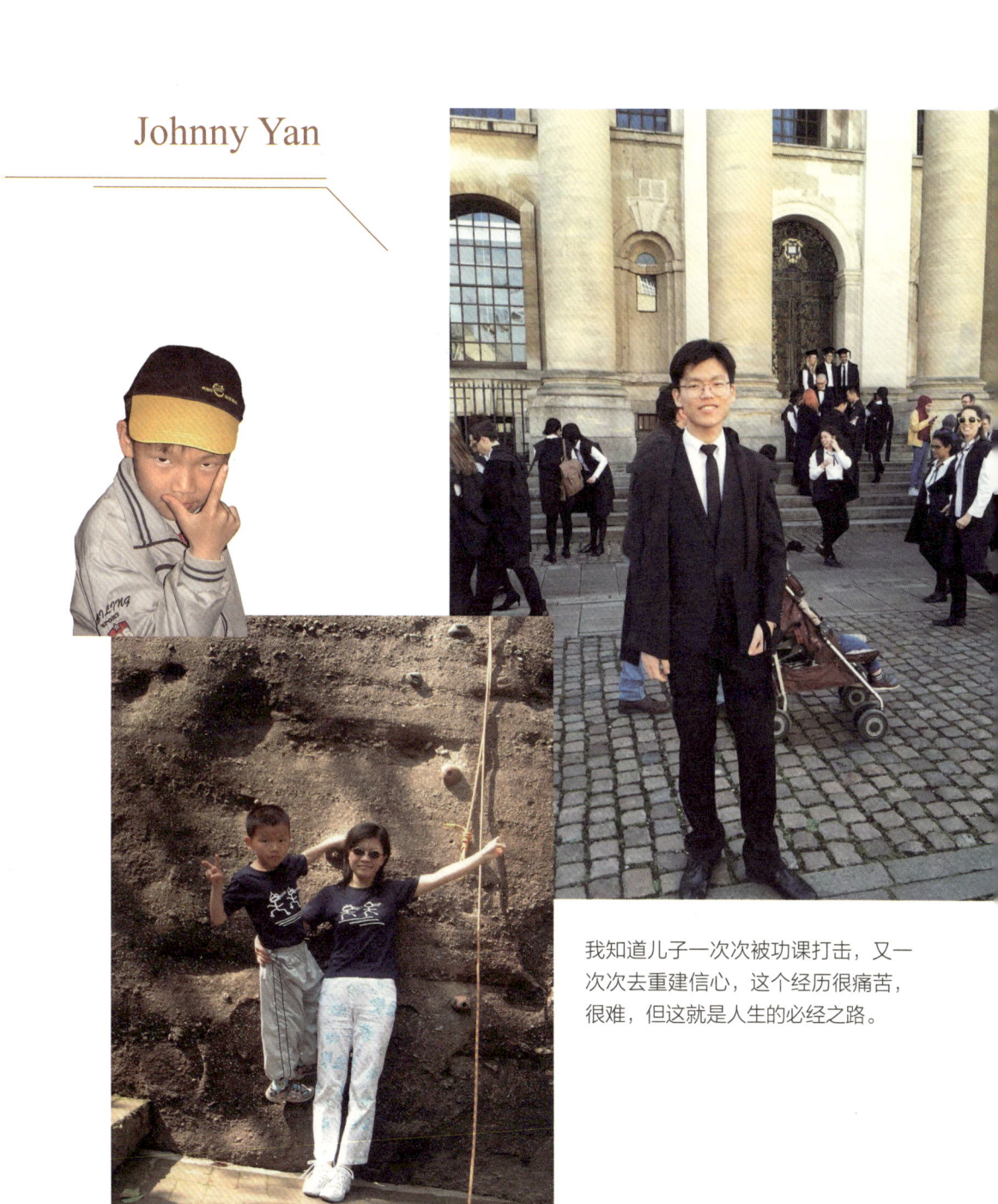

我知道儿子一次次被功课打击，又一次次去重建信心，这个经历很痛苦，很难，但这就是人生的必经之路。

谭零

孩子的成功，既要有孩子自身的努力，也需要家长的鼎力帮助，更重要的是选择适合孩子自己的方式和道路。

陆艺舜

小孩的发展一定要因势利导，不能硬着来，忠实于他自身的天赋，后期好好培养及引导，定长成参天大树！

宋羿萱

父母的职责绝不是把孩子看做自己的私有：他们都是独立的个体，我们需要做的就是他们的推进器，当然必须正确引导，不能放任自流。

April

从文学到音乐,从诗歌到散文,阅读,真的是一条捷径,在最短的时间与空间,站在前人智慧的窗口,极大地拓展了孩子思维的广度与深度。

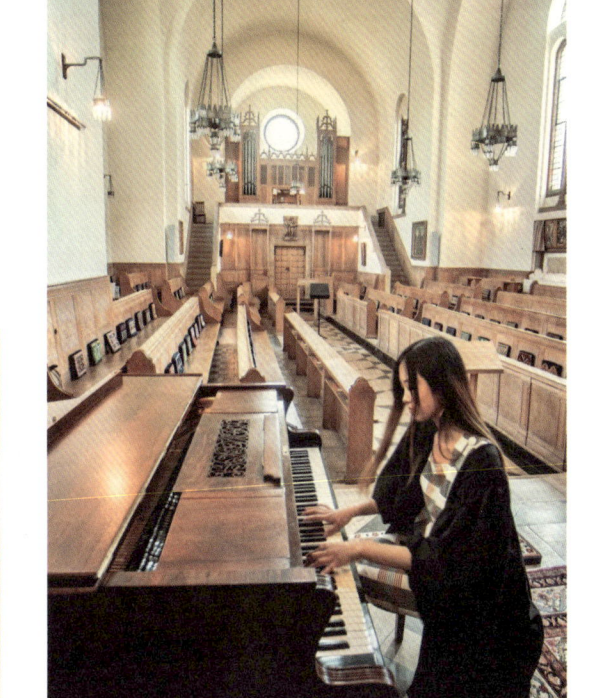

程天纬（Terry）

我在思考一个问题，能否有一种国际教育，它既采用优质国际课程，也与华语文化圈的精华有机结合，这样的融合教育就可以培养出学贯中西的新青年。

舒方霖

孩子走出国门，进入美高就读。在美高的两年对于孩子的批判性思维的发展和领导力的培养起到了关键作用。

王子超（JIM）

"精心的散养"：从小培养孩子独立、坚定、自信，养成自己安排自己的学习、生活的习惯和能力，遇大事能和父母共同探讨，孩子能接受父母合理化建议，父母也能够认真倾听孩子的内心想法，形成良好的互动。

高丹珑

多元优质的教育是趋势,培养孩子需要家长思维更国际化。高中以前的教育得当,孩子未来可期。

Chris 与雅丽

牛津小镇里的科学家夫妇。

刘冀珑

在一流的大学校园里做一流的研究。

唯寻国际教育吴昊

名校毕业会影响人的一生。

杨宇行（禄禄）、Matthew Zimmer（马修）

四年的大学生活和恋爱经过，既有一种现代版童话爱情的美好，也极大地触及了中西方婚恋价值观和幸福的涵义。

胡阳

牛津大学面试的六个关键细节。

杨宇行

如何变得更好更优秀的人，将成为我一生的必修课，也是让自己无愧于"牛津毕业生"最好的方式。

祝孚嘉

不断说服自己注定将在未来的某一刻取得卓越的成就，并使自己坚定不移地相信这一事实，便是所有成功的开始。因为只有心正且定，努力的方向才不会出现偏差。

宋系风

想到父母最常对我说的一句话是:"这方面我是一窍不通的,你要自己做决定。"下一句:"做你觉得好的事情就可以了。"

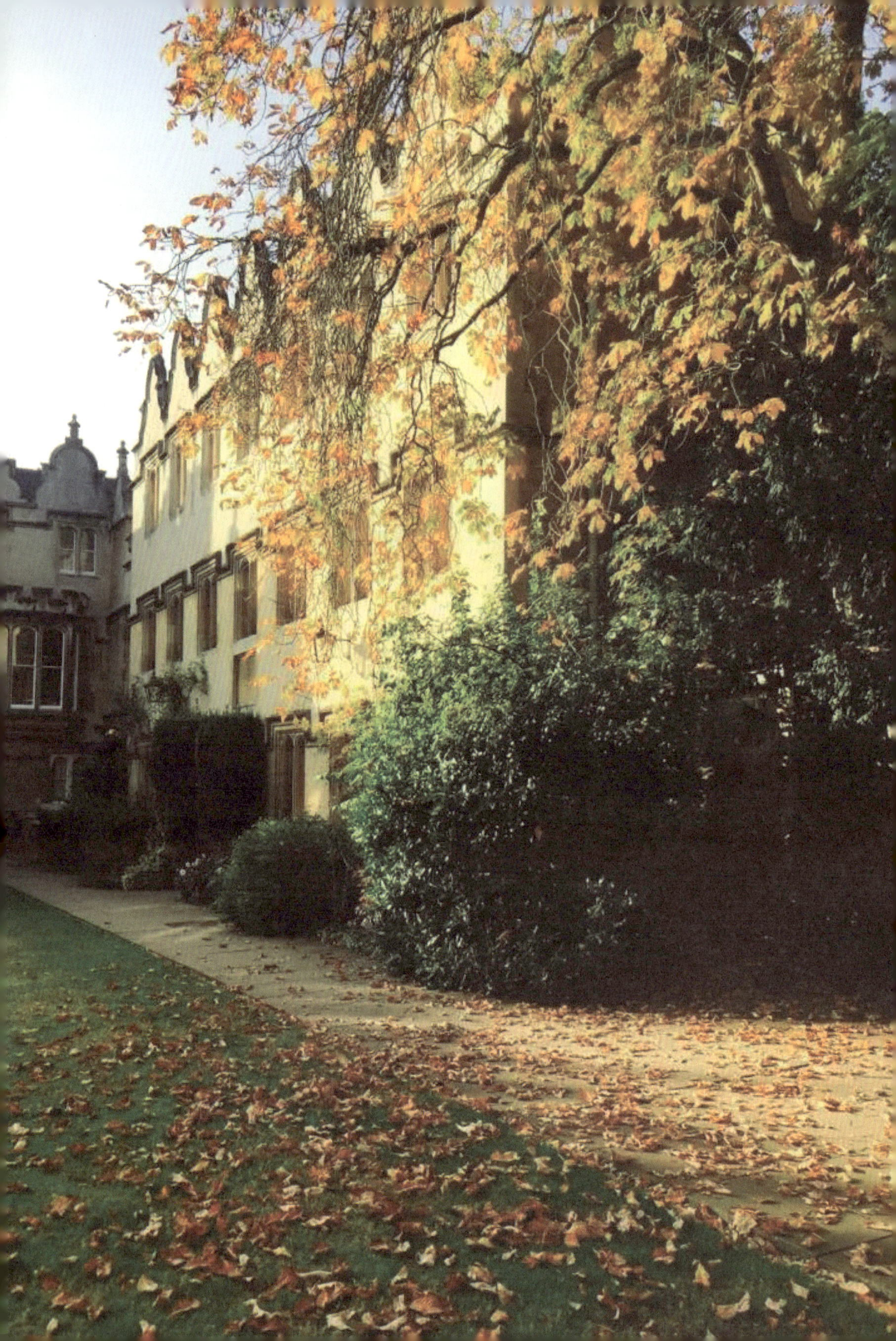

序 言

2019年5月，全国牛剑家长在武汉举办第二届桃花会。会务第三天，牛津讨论组在前三任群主董振德、文若飞、马奔的召集下，决定整理并出版《筑梦牛津》这本书。一是向剑桥家长们学习，二是大家也期望把各自的感悟和经验分享给更多的父母和朋友们。记得，当时是在东湖宾馆大厅一个僻静的角落里，开完会将近半夜12点。我们戏称为"牛津一大"。参与这次会议的还有李楠、申文全、松子、景娜等几位老师。之后，在孙虹老师组织的筹备组里商议并发出征稿启事。三个月后我们初步收集并筛选出所有初稿，同时开始审核并完善。参与本书编审的有建鑫、景娜、文若飞、weiping、John等八位老师。2020年2月底全部书稿整理完毕。在此，特别感谢上海鹏飞、丁伟两位老师及文汇出版社为本书出版给予的大力支持和帮助。

《筑梦牛津》分为三个部分。第一部分"家有儿女在牛津"由来自全国各地的15位家长共同撰写完成。每位家长以各自孩子的成长背景和环境特点所给予的不同教育理念、方式和实践，以极其坦诚而开放的心态与大家分享其家庭教育故事。我们都很清楚，孩子的成长过程有很多偶然性和那一点点不可缺少的运气。但我们一直都保有最深切的父母之爱和感恩之心，也始终以理性和包容的态度关注孩子，并给予他们最大的信任、鼓励和支持。我们也很清楚，走进一所世界名校，只是一个崭新的开始。人生的路很长，每一阶段有每一阶段的艰辛。这仅仅是一份我们给孩子的十八岁礼物，也是我们回报社会的一份心意。我们也常被周围的亲人朋友以及社会机构咨询请教，借此，我们统一用这本书为你详细解读，并真诚地告诉您，如果我们的孩子可以，那么你的孩子同样也可以。如果我们可以给你一定的启示和借鉴，那就是我们以及这本书最大的初心和最真挚的心愿。此外，本书的第二和第三部分为牛津学者访谈以及牛津学子的大学时光，这些内容也得到了牛津诸多科学家、学者以及在校学生的支持和帮助，特此对战宏、Freya、Ada 等表示衷心的感激。我们期待这两部分内容能从另一个层面及视角更宏观、全面地打开牛津这所神秘古老又充满魅力的智识天堂，以给需要这方面信息的广大学子及其父母在各个方面做好充分的准备和规划。

父母之于孩子是第一所学校。

愿天下父母将以自身的经历启迪孩子成长作为此生最大的乐趣。

愿天下莘莘学子，少有大志，以读书为本，以崇高的理想为己任。

愿《筑梦牛津》开启每一个美好的未来。

潇湘蓝　董振德

目录

|第一部分| 家有儿女在牛津

003	伴汝成长	杭州	董振德 李 楠
014	成长的快乐与烦恼	北京	田文红
022	选择	上海	王艳青
033	未来可期，牛津一站到底	济南	张宝香
040	让我们一起飞翔	镇江	钱 兴
048	爱之梦	武汉	申文全
065	三代人的求学杂记	苏州	马耀霞
089	意外之喜	深圳	谭卫东
096	上帝打开的门	佛山	潘田华
103	执着与坚韧——一个牛津女孩的不懈奋斗	衡水	马晓晴
111	一路宠你到牛津	上海	黄 娟
122	小城男孩 Terry 的牛津成长记	无锡	松子老师
131	从心选择　圆梦牛津	武汉	陈 洁
137	独立自信迈进牛津	北京	陈建新

144	世有伯乐，然后有魔法学徒	大连 刘 丹

|第二部分| 访谈

157	Chris 与雅丽：一对科学家夫妇眼里的牛津小镇	潇湘蓝 Freya
169	刘冀珑：在一流的大学校园里做一流的研究	潇湘蓝
180	唯寻国际教育吴昊：名校毕业会影响人的一生	潇湘蓝 董振德
187	大学四年恋情无数，为什么这对跨国恋终成眷属？	潇湘蓝

|第三部分| 牛津学子

197	牛津大学面试的六个关键细节	胡 阳
203	标签的重量	杨宇行
206	一万小时定律	祝孚嘉
211	你要自己做决定	宋系风

第一部分

家有儿女

在牛津

伴汝成长

杭州　董振德　李　楠

女儿董昕汝是2013年考取牛津大学的,这让我们全家喜出望外。我作为家长,多次被邀请做公益的留学分享,自己也在上海和杭州组织过几场公益留学讲座。昕汝爸是我的QQ名。

我早年求学于上海交通大学,大学毕业之后分配回杭州的一家国有企业,由于工作表现出色,我获得日本政府的奖学金,公派去日本留学一年。我认识太太的时候她正在浙大医学院读研究生,后来她留校工作。我们结婚有了孩子后,她去香港大学医学院攻读博士,毕业后回来成为医生。我女儿1994年在杭州出生,她出生的那天上午,我印象很深,雨后天晴,阳光普洒,她的爷爷兴奋地给她起名"昕"。"昕"是太阳升起的意思,她的外公又在后面加上"汝"字,在古汉语中是"你"的意思,"昕汝"有阳光明媚着你的喻意。昕汝从小是个善解人意、温暖贴心的孩子,是我们整个大家庭的开心果。

童年:趣味启蒙与玩乐为主

昕汝一岁半的时候已经跟着妈妈会背诵许多唐诗宋词。她上幼儿园时,昕汝妈妈去港大读博,我带着昕汝住到爷爷奶奶家。她非常喜欢听爷爷讲历史故事,如《三国演义》,还有《三字经》等。每天晚上临睡前,我都会给她念童话故事,这些故事书都是昕汝妈妈从香港带回来的,书籍质量很好,故事生动有趣,她百听不厌。

除了唐诗宋词，昕汝从小学习英文，昕汝妈妈是她的英语启蒙老师。她小学前就进入英孚 EF 学习英语，最初是进入几个学生的外教班，然后是外教一对一，授课老师都是来自英美的外教，昕汝妈妈都要事先去交流过，选择纯正地道的英音老师。通过这样的课程，孩子在见到外国人时交流就很自然，不会怯场。昕汝在小学前参加了英国三一学院的口语考试，这是她第一次面对来自英国的考官讲英语故事，讲得很好，很受到老师的夸奖。

幼儿园大班的时候，爷爷开始教昕汝数学。爷爷在他的学校是德高望重的教授，爷爷每天设计一张卷面，上面有一道道数学题，非常耐心地教她，她很短时间就把小学一年级的数学全部学会了。我担心她学得太多太早，学校上课时就没有了学习兴趣，所以她学完一年级的数学后就没有让她继续提前学习，我相信这种学习能力到了她该学的时候自然会有。所以幼儿园阶段最多的时间还是陪玩。

昕汝最喜欢去户外玩耍。当时我们住在杭州的老浙大，出家门不远有一株1000年树龄的银杏树，也有一条宽阔的杨柳拂岸的杭城母亲河贴沙河。她还在襁褓中的时候，我们就经常带她去河边晒太阳，看钓鱼。我们也经常带上婴儿车开车去西湖边的公园草坪上和她一起玩。我们的家离昕汝的爷爷奶奶家很近，从爷爷奶奶家推开窗，对面就是浙江省卫生厅幼儿园。离家不远还有一个并不太大但是很热闹的公园，我一有时间就带她去这个横河公园玩。公园里面有亲子乐园，有过山车、碰碰车等很多让孩子乐此不疲的好玩项目。每次她都是玩遍每个游乐项目，乐园要关门了才最后一个离开。公园里还有沙画，她特别感兴趣，每次去都要画画，画沙画的时候，她是一个特别安静专注的孩子。女儿的童年就在玩的过程中一点一点度过，我当时就是想让孩子彻彻底底痛痛快快地尽情玩耍。那时候还没有双休的概念，每周只有一天休息，一到休息天我们就带她去户外。她最喜欢玩的游戏是到湖里或者池塘里抓鱼。那些小鱼，尤其是一种杭州方言叫作"苍条儿"的小鱼极其灵活难抓，她可以俯视湖面观察良久，然后眼明手捷地用一个小网兜把鱼给兜上来，她手眼心脑的协调性极强。

昕汝两岁九个月的时候我们第一次带她坐动车去南京玩。到了中山陵，昕汝妈妈准备抱着她上山，她突然脱掉自己的小皮鞋，穿着袜子，拉着妈妈的手，要自己走。她小小脸庞的神态是这样的坚决，于是我们让她尝试。中山陵一共有392级台阶，她平生第一次自己一步一步登上中山陵，途中没吭一声，没有要妈妈抱，这使得我们全家不敢相信也有些惊讶。虽然她是个女孩子，但平时摔倒都是自己爬起来，我们尽量不扶。我们的育儿理念是："孩子自己的事情尽量让她自己去做，哪里跌倒就从哪里爬起来。"她七岁的时候我们带她和昕汝表哥以及爷爷奶奶去登黄山，我们让年迈的爷爷奶奶坐缆车上去，我们夫妇和两个孩子从后山攀登，一路上一边走一边欣赏风景，两个孩子饶有兴致地观察四周，最后爬了四个多小时到山顶，连我们大人都累了，但是孩子们一点不喊累。第二天凌晨不到四点，我们一喊孩子们，他们就一骨碌起身和我们去观看日出。在和大自然充分接触的过程中，她领略了大自然的美，也培养了对大自然的热爱。

中小学：兴趣至上和柔性坚持

昕汝读小学前，我们走访比较了许多小学，最后选择了教育方式比较新颖活泼并且可以直升建兰中学的杭州时代小学。

小学开始后我们特别注重培养昕汝的自主学习能力。我们在家不教她功课，但是营造学习氛围和环境，陪伴她学习。家里有电视机但是我们从来不看电视，我们和她一起看书，她做她的作业，妈妈做她的研究，爸爸我看我的书。她遇到不懂的问题，我们鼓励她去和同学讨论，去向老师请教，老师讲了还是不懂的话要继续去问，直到问懂为止。小学的功课已经不少，孩子经常要做到很晚，昕汝妈妈坚持晚上到了睡觉时间就要休息，作业如果没有完成就和老师商量减免。除了去英孚学习英语之外，我们没有安排她参加其他任何课外辅导班。每到教师节的时候,她都会有奇思妙想自己动手制作礼物送给每一位任课老师,从来不需要提醒。在班级,昕汝负责黑板报的编写。每次黑板报编写后,她总是把教室干干净净地打扫一遍,我们家长就在校门口等很长时间才接到她回家。在学校,老师们都很喜欢她,小学毕业的时候,校长专门送了她一整套书作为礼物以资鼓励。

在学校里我们觉察到有些老师过于注重作业的对错,相对缺乏系统地引导阅读,我们希望读书可以举一反三,而不是单纯死记硬背。所以我们比较反对一件事,就是孩子写错一个字,老师罚抄50遍,偶尔遇到这种情形我们会出面和老师沟通免除。作为家长,我们会柔性地坚持自己的教育理念:爱护式鼓励式的教育。

有一阵,女儿班上的同学纷纷去报奥数班,她开始也和要好的同学一起报名,我们就支持她去,炎热的夏天开车送她去上课,我们在校外等她。但是上完一节课后她说不喜欢,我们就没有坚持。孩子的兴趣爱好需要呵护,没有兴趣的事如果强迫去做的话,会让她丧失对学习的兴趣。

昕汝幼儿园、小学、初中学校的选择都是遵循就近原则,就是方便安全。昕汝初中如愿直升杭州建兰中学,当时是杭城最好的初中部之一。读建兰中学期间,我们家长每天开车接送,我和昕汝妈妈两个人轮流接送,早上一般是我送,放学谁有时间谁接。民办初中当时已经有非常大的升学压力,昕汝妈妈感到学校每天给孩子布置的课外功课太多了,孩子完全没有可以自由支配的时间。由于亲戚中孩子基本上都是出国留学,受他们的影响,初一开始我们就频繁地到上海、苏州考察国际学校。初三开始我们带她参加了上海几个国际高中的考试,每个学校的校长都希望她可以去他们学校读书,而中考也让她有机会进入杭二中读书,是读国际高中还是读体制内名校让我们纠结良久。

后来我和一位国际学校的副校长推心置腹地聊天,他提到当时录取牛剑的同学,高一基本上都是在体制内中学打下扎实的数理化基础,一席话令我们豁然开朗。我们决定让昕汝在杭二中上一年高中，然后再去上海光华复旦国际中心读 A-Level 课程。在杭二中滨江校区的住读也为昕汝后续在上海的住校学习做了适应性的准备。读完高一，她再次到上海参加多个国际学校的考试，上师大 A-Level、交大 A-Level 和上海外国语大学 A-Level 都录取了昕汝。那时候上师大 A-Level 如日中天，但是因为教育理念的差异我们果断放弃了。在上海光华复旦国际剑桥中心听校长雷冬冬博士的介绍后，我觉得雷博士的教育理念和我们的很吻合，尽管这是个新校区，昕汝他们是第一届学生，我们仍然非常信任地把孩子送入这所学校。我觉得在几个方面这所新学校比较吸引我：一，校长的教学理念；二，师资是从上师大原班人马出来，是很强的团队；三，各科老师极其优秀，比如化学老师是牛津大学莫顿学院毕业的化学一等生，英语老师是 UCLA 的文学硕士，数学老师是德国大学毕业的数学博士，物理老师是美国研究天体物理的老师，所有中国老师都有双语背景。这样的师资力量在当时已经不亚于上海外籍学生才能入读的国际学校了。

昕汝就这样在 2011 年秋天进入上海光华复旦国际剑桥中心，第一届学生一共 23 名，而老师有 53 名。在这两年时间里，她充分感受到各科老师的关注和关怀。上海光华复旦国际剑桥中心是全英语教学，她入学不到三个月就过了语言关，听课和作业都很适应，唯一有点怕的是经济课的英文写作。经济老师就主动找她，让她每天放学后留下来，给她布置一个主题，让她在一个小时内写完一篇文章。这样经过一个月的训练，她的经济课写作能力大大提高，自信心也上来了。学校的作业量并不多，学生有时间进行课外阅读，老师们鼓励学生举一反三，鼓励他们在课堂上提出问题，一起讨论，这样的学习氛围让她很愉快，启发式的学习也让她进步很快。

体制内名校的生源很好，一个班级有 50 多名学生，老师在课堂上难以顾及所有学生，课后虽然安排答题，但老师给予每个学生的答题时间有限，主要依靠学生自学。在上海光华复旦国际剑桥中心，是小课班的教育，学生在课堂上当场提问，老师随时解答，因此爱问问题的昕汝很少有不懂的内容留到课后，学习效率大大提高。学校的课外功课很少，每天数学只有四道题目需要课后完成，她因此有了大量时间参加运动，除了跑步之外她还参加校排球队，大家都在准备考试和申请大学的时候，她每个星期还参加学校的两次排球训练，在学校被评为校排球队的 MVP。

在上海光华复旦国际剑桥中心的第一年，昕汝参加了英国的 GCSE 考试，取得了全 A$^+$ 的好成绩。第二年开始申请大学，同时选择专业。初选择专业时她对物理感兴趣，昕汝的物理成绩当时是班上最好的。我认为家长在孩子选专业的时候应该有方向性地引导，她数理化都很强，我告诉她数学是数理化的基础，有了数学的扎实基础，不论以后继续学物理还是化学，都会容易很多。她接受了我的观点，昕汝妈妈则希望她的专业偏向应用，数学和统计是应用数学，所以她最后选的专业是牛津的数学和统计。选学院的过程中，我们了解到牛津大学有 38 个学院，每个学生在选择学院的时候考量的内容各不相同。昕汝在牛津大学学长的推荐下，了解到 Keble 学院的教授是统计系的系主任，学养深厚，于是就申请了 Keble 学院。当时通过谷歌地图看这个学院，红砖暖色建筑和绿色草坪非常赏心悦目，我们尊重昕汝自己的选择。后来昕汝入学第一年，新生入住的是古老建筑中一幢全玻璃的现代化建筑的宿舍楼，所有的单人宿舍都是落地窗，面向碧绿葱茏的大草坪，完全出乎我们对这所古老大学的猜想。

大学申请：净慈寺里默默祈祷的妈妈

昕汝申请大学之初，我们对于究竟是去英国还是美国求学并不清晰，因此她同时参加了英国的高考和美国的高考。英国的高考除了 A-Level 考试，牛津大学和剑桥大学要外加专业数学考试，以及英语母语考试或者雅思考试，这些都取得优良成绩后有望收到牛剑的面试通知，同时还要准备一份个人陈述（personal statement），可以同时申请五所英国高校。牛剑两所大学之中只能申请一所，不可以同时申请。昕汝的数学老师鼓励昕汝去申请剑桥大学的数学，昕汝妈妈考虑到剑桥的数学是纯数学，还是说服昕汝报考牛津大学。除了牛津大学，其他四所大学分别是帝国理工、伦敦大学学院、华威和巴斯，令人高兴的是所有这些学校都向她伸出了橄榄枝。

申请美国的大学要参加 SAT1 和 SAT2 考试，参加这些考试昕汝没有预先花很多时间去复习准备，报好名，学校的课上完后就直接去考试。由于 SAT 在大陆没有考场，昕汝需要去海外考试，我们借此把它作为孩子独自出门的锻炼机会。第一站 SAT2 考试选在新加坡，新加坡是一个安全文明洁净的国家，可以放心让她独自去旅行。昕汝妈妈的安排是考一天玩一天，订好机票和酒店，孩子自己一人去。酒店是在市区最繁华的乌节路的五星酒店，交通方便，距离地铁不远。因为孩子未满 21 岁，酒店专门打电话给我们要求家长授权。第一次出远门很顺利，三门专业考试也获得满分的好成绩。第二站 SAT1 考试，已有经验的昕汝还带上她的同班同学一起去新加坡，也是考一天玩一天。两个女生在回途中给同学买礼物竟然误了班机，滞留在机场过一夜，让我们家长紧张得出一身冷汗，但是孩子们不觉得什么，机场也给了她们非常好的照顾和安排，这个有惊无险的意外反而使得孩子们觉得有趣和兴奋。第三次 SAT1 考试，我们两家家长陪着孩子们去了台北。考试前昕汝已经拿到牛津大学的面试通知，而她的同学还在等待。当孩子们在台大的考场里考试的时候，我们家长在外面的星巴克咖啡馆里焦急地等待牛津的任何信息。考试后的第二天，我们去了台北故宫博物院，见到了许多未曾见过的来自祖国大陆的珍宝，昕汝在馆藏前流连忘返，久久不愿离去。

收到牛津大学面试的通知令人振奋。未满 18 岁的学生需要大人陪同，我们因为工作在身，不能陪同前往，昕汝于是和已满 18 岁的同学一起去牛津大学参加面试。此时我们忽然有一种小鸟终于要离开妈妈独自飞翔的感觉。出发前，我们叮嘱女儿，让她放下任何思想包袱，录取与否不重要，尽力即可。女儿到达学院后发来第一张照片，牛津开始下雪，学院红砖的教堂前宽广的草坪上铺盖着一层薄薄的雪花，女儿穿着橘红色的羽绒衣，在草坪前显得娇小，但是她的小脸上洋溢着快乐。面试的那一天，昕汝妈妈心情不免有些紧张，都说母子连心，昕汝妈妈担心自己的紧张会影响到遥远的女儿，于是独自跑去杭州净慈寺。在那里她的心情很快平静下来，而且感到从未有过的愉悦，这种不同寻常的感觉整整持续了一个上午，直到女儿的电话过来，详细地告诉昕汝妈妈整个面试过程。面试真的是统计系主任带领其他几位老师一起主持，有书面答题，也有口头提问，其中有一题女儿的思路和教授的不同，女儿阐述了自己的想法。事后因为答题思路不同，女儿有些担心，昕汝妈妈再次宽慰她不要担心结果如何，享受面试过程和在牛津大学的时光。

等待的时间既快又慢，预录取的消息终于如期而至，我们全家欢欣鼓舞，尤其是昕汝的爷爷，他兴奋地脱口而出："古人云：人生三大喜事，他乡遇故知，洞房花烛夜，金榜题名时。"毕业于齐鲁医学院的爷爷为孙女的青出于蓝而深感自豪。预录取的条件也不难，女儿最终以远超预录取条件的优异成绩进入牛津这所梦寐以求的大学。

课外活动：兴趣爱好和学习一样重要

昕汝从小特别喜欢小动物。她养过蚕宝宝，和我一起捉过蟋蟀，还有一只哈巴狗。有一次一家人在深圳玩，昕汝妈妈抱着她去摸一下游行队伍中的黑熊，事后被我非常严厉地批评了一番：危险意识必须要有。有一次我们带她到动物园去，我问她："如果有一群人在这里观看老虎的时候，老虎突然跑出来了，怎么办？谁会是最后活下来的那个人？"她说是跑得最快的人会幸存，我于是启发她运动很重要。她的运动天赋不错，协调性好，从小学开始跑步就很快。我们家里非常注重她的营养，陪她一起运动，一家人都是运动爱好者。从小学到中学，每次学校的运动会我们家长都专门请假观看，做家长志愿者。

孩子第一次离开父母外出是大约四岁的时候，舅舅一家带她一起去珠海观看航空展。第二次是在小学六年级学校组织为期一周的香港童子军夏令营，为了培养孩子的独立生活能力我们鼓励她报名，那是她第一次离开家人参加集体活动。她在夏令营里度过愉快的时光，去了迪士尼乐园，完成定向训练，也学到很多东西，比如户外生火等，还结识了不少小朋友，锻炼了意志。

初中的暑假期间，昕汝参加了上海东方绿舟的青少年帆船夏令营。在夏令营结业比赛那天，碧空如洗，风平浪静，而比赛的要求是运用风力作为动力，在无法判断风向的情况下，她急中生智，扯下自己的一根头发，利用发丝微弱的飘动测出风向，然后充分利用风力取得了比赛第一名，遥遥领先于第二名。夏令营期间她还完成手工帆船模型制作，这个模型现在还摆放在家里。

初中的学习压力和作业量明显超过了小学。昕汝做作业很认真，有时晚上可能就要晚睡。我们总是要求她到了睡觉时间就一定要休息，以保证次日有充沛的精力学习。但是对于运动我们始终坚持，她的跳绳和扔球都顺利达到学校的体育达标要求。她喜欢网球，我们就请了专业教练，每个周末训练。教练认为她是个好苗子，有成为职业选手的潜力，而我们认为学业是主要的，运动是爱好。这个爱好她一直保持着，在大学的四年，她参加了学校的网球俱乐部，每个周末都去参加训练，是俱乐部中唯一的亚洲学生。

在昕汝上高一的时候，杭二中组织学生去美国的高校游学，昕汝跟着杭二中的老师和同学一起去，从美国的西部到东部，参观了许多名校，包括斯坦福、哈佛、麻省理工和耶鲁等。在斯坦福，校园的导游老师是斯坦福的历史老师，她主动为这位老师进行翻译；在波士顿，他们在哈佛上完课后开心地去餐厅品尝波士顿龙虾；在耶鲁，她发现这个古老的大学校园让她最有感觉。

在音乐方面，我们也尊重她的喜好，她有很好的乐感。她在小学的时候，开始学习钢琴，定期去钢琴老师家上课，每天傍晚在家练习弹琴，学了一年钢琴后，发现读乐谱眼睛近视了，不得已终止学琴。到了初中，她开始喜欢吉他，我们就给她买了琴行里质量最好的一把吉他。这把吉他也伴随她漂洋过海，在牛津大学的四年时间里一直陪伴着她。

一个孩子如果有体育或音乐方面的爱好，无论她走到哪里，都可以超越语言和种族的屏障，建立友谊，爱好也是排遣一个人孤独的利器。

读书期间，昕汝积极参加各种活动，包括做志愿者。初二为了宣传环境保护，她和同学自发上街捐赠环保袋给路人们；初三我们陪她在杭州科技馆听美国哈佛大学数学家丘成桐教授的公开课，丘教授贯通数学和文学之美，给我们全家以心灵的启迪；高中期间，昕汝利用暑假去浙江省儿童保健医院做志愿者，协助医生对脑瘫儿童进行康复训练，脑瘫患儿的康复进程非常缓慢，每次回家她都有很多感触。2010年2月，昕汝的爷爷在颈椎手术后出现心力衰竭，慢性心衰是全球心血管领域的两大挑战之一，慢性心衰的死亡率高达50%。全家一起对爷爷的心衰进行管理，每天需要给爷爷称体重，计算爷爷体内是否有水潴留并且记录，以便昕汝妈妈及时调整爷爷的药物和药物剂量。昕汝在家的时候一直帮助爷爷进行每天的监测。在全家人的悉心照料下，爷爷患病后八年内病情基本稳定，从未因为心衰失代偿而住过一次医院。昕汝给爷爷的晚年带去莫大的安慰，也是爷爷倍感幸福的源泉之一。

冬去春来，花开花落，一晃女儿已经长大了。回顾过往，昕汝自幼到大学录取，我们整个大家庭给予了她全面的呵护和培养，也目睹了她一点一滴的成长，她接受过民办学校和体制内学校的教育，也适应国际高中英式教育的模式，在精心的放养下逐步蜕变。录取牛津大学，是她人生的重要节点，也是她迈向更加广阔的人生之路的第一步。

雏鹰展翅，我们的女儿昕汝于2013年10月11日独自飞往伦敦，开启她大学生涯的崭新之旅。

董昕汝

2007—2010 年	杭州建兰中学初中
2010—2011 年	杭州第二中学高一
2011—2013 年	上海光华复旦剑桥国际中心 A-Level
2013—2017 年	牛津大学 Keble 学院数学和统计专业本硕连读
2017 年至今	渣打银行中国总部

成长的快乐与烦恼

北京　田文红

从孩童到成人，从咿呀学舌到问号连串，从不谙世事到独立思考，在生理与心理的煎熬中，我们和孩子一起成长起来。在父母的呵护和陪伴下，孩子开始独闯天下，打造自己的世界，其中有家长照料陪伴之滋养，也受够了父母威逼利诱之烦闷；经历过离别亲友之割舍，也享受着结交新友之快乐。人生历程中的一个个大小波谷浪峰，都记忆犹新，历历在目，所谓痛并快乐着。

我们家有一句口头禅："与天斗、与地斗、与我孩儿斗其乐无穷。"在与孩子的斗智斗勇中，我们彼此都茁壮成长起来了。随着双方斗争经验的日益丰富，我们的戏份越来越少，角色也淡淡隐去，唯有二十年的陪伴，那曾经的幸福和快乐，成为家人生活的一种回忆。我们把孩子成长的经历归纳为"三发"阶段：天赋的"发掘"、潜能的"发现"和身心的"发展"。

一、天赋的发掘

孩子和家长在不断爱护和摩擦中相互了解，透过双方思想火花的碰撞和唇枪舌剑的辩论，在探讨、失望与妥协中捕捉孩子的点滴特质，挖掘他们在某一领域的潜在天赋。

小时候，爸爸妈妈就要开始用心观察孩子的兴趣点并因势利导地去培养他们的行为意识，用时间和精力来铺垫和成就孩子的成长之路。记得儿子快三岁那年，幼儿园的老师要求孩子认识0—9数字，几个星期后，老师委婉地告诉我说,班里16个孩子中,只有他认不出0—9数字,当时的感觉就是当头一记重棒,打得昏晕。回家买来各式各样生动活泼的0—9数字让他辨认,效果之差,令人崩溃。无奈,带他到大街上闲逛,突然发现他对汽车车牌非常感兴趣,每辆车前都驻足凝神,于是借机开始让他认识车牌。每天晚饭后,就下楼认车牌,每次答对,我就由衷地表扬他一番!一周后,0—9数字及车牌前的英文字母,外加外地车牌的简称,孩子都能一一认出了。

孩子认数字的这个过程提醒我们,不要被表面的现象所困惑,追求成绩和结果的同时,最好去追求更有效的方法,这样才能在自然状态下真正发现孩子的兴趣和才能。这次经验给了我们更大的信心去发现他的思维和行为的内在潜能,之后的不断发现带给了我们无数次惊喜。

小学三年级大部分孩子都开始学奥数,儿子学奥数的起步时间比别人晚了很多,一开始上课时,他几乎都在走神,作为家长真是可以用"气急败坏"来形容心情了。问他才得知他根本听不懂,因为他连基本的公式都没有学过,奥数的基础知识完全超出小学教学大纲。于是我们和老师沟通,探讨"拔苗助长"的途径。老师给的建议就是题海战术,将孩子培养成为一个百度搜索引擎,看到题就开始在脑子的奥数题库中搜索答案。听到这种做法,我们都有些绝望,这无疑会造成心智幼弱阶段孩子的体力透支和逆反情绪,最终是让他厌烦奥数。

于是,我们开始同孩子探讨如何学奥数,他的回答直接而简单:不要做太多题,告诉我解题的方法就好,最好有解题的"捷径"。这种"简单"的要求犹如攀登珠穆朗玛峰一般难度太大了,但我们别无选择,无论如何也要迎难而上。因为真正的学习和知识掌握,就是要学会思考及解决问题。接下来,我们要做的第一件事,就是寻找适合的老师,一个愿意花时间跟孩子探讨问题的老师。马不停蹄的面试之后,我们终于找到了一个毕业一年的数学专业研究生。

接下来，就是要和老师深入沟通，让老师了解孩子的兴趣、优缺点，找到师生双方适合的教学方法。之后，就是师生俩此起彼伏的互动式挑战和较量了。这个打法使得儿子在一年内奋起直追，终于赶上了最后一班车，拿下多项奥数大赛奖项，而老师也被累得苦不堪言。这种发起挑战和"另辟蹊径"的思考方法，不仅使得孩子更加深入地理解常规的解题思路，还通过否定之否定的悖论方式，拓展了孩子的思路，激发了他学习的兴趣和欲望，使他真正喜欢上了数学。

种种惊喜给我们的启发：孩子现在有很好的数学基础，与天赋有关，更是与不懈努力、采取有效而独特的培育途径有关。每个孩子都有其特有的天赋，天赋是要靠自我认知和不断挑战而逐渐强化并被激发出来的。挑战性思维不仅在于挑战自己独有的思维模式和知识结构，还要广泛了解和尊重已有知识的内容及其边界，形成丰富厚实的挑战硬实力，没有天上掉下来的馅饼！

二、潜能的发现

孩子的成长经历，就是不断跟周围环境和条件相互作用、相互摩擦，顺变适应的一个过程。其间，常常会给你各种意想不到的打击，这种打击带给你的是愤怒和斗争的欲望，随之收获的是一次次双方的惊喜成长。

素质培养永远是家长的首要任务，而音乐和体育是素质教育的首选，因为它们是美学和意志力的基础，也是文化沟通和身心自我平衡的工具。儿子快四岁时，一次无意间跟他幼儿园音乐老师的谈话，让我们帮他选择了钢琴作为兴趣的发展方向。那时，由于小孩子上课容易跑神儿，不喜欢听讲，老师想教训他一下，让他听音识音色（就是视听练耳），没想到他全部答对，即使是半音及和弦音也没有错，而且，他可以在钢琴键盘上找到相对应的音。老师还以为他接受过音乐训练呢。这次发现，奠定了孩子坚韧而快乐的学钢琴之路。

记得小时候儿子非常活泼,能坐10分钟都是我们的运气。开始计划让他学钢琴,不是为了考级和在音乐方面有多大成就,而是要让他"坐住"。教钢琴课的是中央音乐学院一位有名的老教授,非常慈祥,有学问,桃李满天下。我们费了很大力气才说服教授奶奶收我儿子学钢琴。起初一切正常,但一段时间过后,孩子的烦躁和抵触情绪开始显露出来,一心三用,随意改曲,自由乱弹,从偶然性变成常态。我们一直在不断变换策略,利用胡萝卜加大棒子的战术,威胁和诱导他继续能"符合要求"地弹奏钢琴,但,他一次次试探老师的底线,直到导致老师和孩子的脾气大爆发,气到教授奶奶心脏病发作。

我们已经忍无可忍,在不能放弃的前提下,除了大声斥责之外,就是定规矩,确定哪些可以做,哪些不可以做;量化所有可惩罚的指标,让各种赏罚都可以执行到位。其中,最重要的一个量化指标就是"冰激凌"。这个看上去不起眼的"小东西",成为孩子归顺的"死穴"。

有一次,他又气到老师,之后经过我们的量化评估,给出5个月不可以吃冰激凌的惩罚。当做出这个决定后,孩子面无表情,毫不在乎的态度一度激怒了我,我决定要好好给他点颜色瞧瞧。当天晚上,正好赶上姐夫过生日,哈根达斯冰激凌蛋糕是儿子的最爱。他快速吃完晚餐,就开始徘徊在冰箱旁边,不时地催促我们快快吃完晚饭。我和他爸爸心里暗自高兴,甚至可以说是有些喜形于色,终于可以狠狠地治他一次了。在他漫长焦急的等待后,冰激凌蛋糕终于上场了。姐夫先切了一大块给我儿子,爸爸立刻截流,把冰激凌蛋糕递给了外公和外婆,紧接着冰激凌蛋糕闪过我儿子,依次递给其他人。儿子已经意识到了什么,眼神从盼望、期待到惶恐和委屈。

老人开始发话质问了:"为什么不给孩子吃冰激凌蛋糕?"

爸爸稳稳地回答:"和他有约定,承诺5个月不吃冰激凌。"然后望着我儿子……

这时的儿子已经完全意识到他的"无所谓的承诺"所带来的巨大损失和创伤了,眼泪哗哗地流出。老人们再次发出不满的指责,将自己的冰激凌蛋糕递给我儿子。爸爸再次坚定出手,我配合老公说明缘由,请老人配合我们的做法。正当我们和老人僵持不下的时候,突然我们听到一个带有哭腔的声音:"This is a birthday cake, not an ice cream."(这是生日蛋糕,不是冰激凌。)

声音传出后,全家寂静,相互对视。首先外公满意地点点头,我和老公用眼神表示同意。这一仗我们以失败而告终,但这次的博弈也让儿子清楚地知道自己的承诺代表的是什么,我们家长的原则和底线在哪里。类似这种的斗智斗勇,在我们的生活中以"常态"出现。其间的愤怒、焦躁和担心,回想起来,都铸成了孩子成长的内在价值,并带给了我们快乐难忘的育儿体验!

也许是因为阅读钢琴乐谱的方式,也许是因为弹奏钢琴刺激指尖的演绎方法,孩子在阅读速度、思维敏捷性以及记忆力方面,有着很强的能力。虽然孩子没有选择音乐作为他的专业发展方向,但音乐给了他灵感、快乐,并结下了不少友谊。相信对音乐的喜爱将成为他伴随终生的精神财富。

种种打击给我们的启发:很多时候选择就要不放弃,坚守自己的承诺!每个孩子都聪明,所谓的笨,只是家长暂时没能找到或者激发出他的兴奋点和兴趣点,也缺少坚持和韧劲,所以,不易发现他的潜能。慢慢学会观察和理解孩子的行为,在非比寻常的路径中,发现独特而有效的困境解脱方法。

三、身心的发展

儿子去牛津学习的第一个寒假,购买了中午12点多的机票返京。早上8点开始我一路电话、微信狂追,对方都杳无音信,最后焦急的我写了一句:"你还活着吗?"20分钟后有了淡定的回音:"我起床了!"那时几乎是12点了。飞机肯定是赶不上了,要重新订购当天的机票返京,查询结果都是头等舱,单程直飞需要5万元人民币!妈妈果断拒绝了这个无理要求,提出寻找经停飞机回京。经过一番忙乱的查询,终于找到了价格合理的经停广州飞回北京的机票。经过数十小时的飞行和转机等待,终于在凌晨1点多见到儿子。欣喜拥抱,热烈欢迎后,儿子看似不经意地告诉我说:"我可能有了一个'小问题'。"

一种不祥的预感涌上心头,我们家一般"小问题"都不小。深吸一口气静等"小问题"的出现。"我钱包丢了。"一股凉气直奔我脑顶,再深吸了一口气,压低自己的声音,假以镇静的语调问:"里面都有什么?"

"信用卡、借记卡等等。"儿子把最不重要的东西先说了。

"有证件在里面吗?"我问。

"有!身份证、英国的暂住证,但护照没有丢。"儿子补充了一句。

我开始意识到有大问题了。"如果找不到证件,你可能无法回英国上学了,你知道吗?"我说。

"知道,所以要找呀!"儿子还是一贯的淡定。

妈妈马上行动,首先想到的是落在飞机上,于是立刻联系航空公司。30分钟后,回复说在飞机上没有找到。一阵失望涌上心头,我愤怒地看着儿子。儿子非常肯定地说:"那就一定是丢在广州白云机场了。"晕呀,偌大的机场,如何找得到。这时,我开始意识到要让儿子自己解决这个问题了。于是,我冷静地说:"你去联系白云机场吧!"

儿子开始在手机上找到白云机场的电话。电话是自动语音留言,柔慢的录音告知现在是休息时间,要等到明早。无奈中,我一边开车,一边提醒儿子给各个银行打电话,挂失所有信用卡和借记卡。大概凌晨3点多,儿子挂失完毕,倒头安然入睡。

第二天一早,我8点起床,不断去儿子房间观察他是否会早早起来问询广州机场。儿子酣睡如泥，再晕。10点多，儿子没有一点起床的意思，于是，我调高音调，直接叫醒他，让他再次同白云机场沟通。20分钟后，机场失物招领处回复没有找到他的钱包。一贯淡定的儿子眉宇间露出一丝凝重，主动跟我一起回忆和扫描各种经事细节，终于登机前光顾过的餐厅被锁定。电话追过去，服务员因为是早班的员工，说不太清楚昨晚有没有发现遗失钱包，要问晚班的同事或者经理。儿子温文尔雅地威逼店员让她提供餐厅经理的手机给他，可能是儿子的绅士风度和诉说的悲惨故事打动了店员，终于电话找到了还在休息的晚班餐厅经理。他确认昨晚发现一个掉在餐桌下面的钱包，外形和里面的内容都正确，但钱包已被转交机场失物招领处。儿子大喜过望，再次电话直通白云机场失物招领处，但答复却是："没有钱包在失物招领处！"望着儿子疑惑和无奈的眼神，我感到一股无望。这时，儿子非常果断地再次打电话给餐厅经理，要求他描述交给失物招领处的细节以及是否有收据留底。经过四次与餐厅经理和失物招领处的电话沟通，失物招领处终于"找到"了钱包，但要求儿子必须亲自飞到广州来领取。

一天之内从误机到购票重飞；从钱包意外遗失，到不懈努力而使钱包完璧归赵，这种失误和紧急处理问题的体验，带给他的是一次教训和领悟。像这种失误和犯错，还出现过几次，但每一次终能留给他一些深刻的感受和记忆，练就了他应急处理事务的快速反应能力。之后的他出错率越来越低，考虑问题也越来越全面，对于时间的效率管理和事务预处理能力则大大加强。

种种意外给我们的启发：父母常常都有着各种丰富的"经验"，但是，直接给孩子"预防式提醒"统统会被孩子们视为"说教"。所以，最有效的教育方式是体验"试错"，把他置于困难和挑战的情境之中，让他学会在暴风雨和逆境中挺立和成长，得到身心的历练与提升。

"发掘"、"发现"和"发展"这"三发"阶段是孩子学会独立行走的重要开端，建立一种开放式的思辨模式，形成独立思考和应对危机的行动意识，形成积极处世、乐观向上、永不言弃的精神，才能使得孩子们兼具意志力和优美善良性格的完整人格，以成就大气和大才。大其愿，坚其志，虚其心，柔其气，将会为孩子未来的社会生活带来无数裨益。

是孩子，让我们成为父母。和孩子一起成长，一起经历，是我们幸福生活中最大的源泉和动力。感谢孩子赋予我们的美好未来。

邵大千（Bill SHAO）

2010—2012 年	北京师范大学附属实验中学
2012—2014 年	香港耀中国际学校
2014—2016 年	哈罗香港国际学校
2016—2020 年	牛津大学数学和计算机

选 择

上海 王艳青

年轻时以为，对孩子的爱，我们说第二，就没有人会说第一。后来的人生经历和所见所闻，让我意识到这个想法太过幼稚和自以为是。事实上，这种爱的传承应该是刻写在人的基因里的，少有例外。

年少的你，以牛津 FIRST GRADE 成绩毕业，并在脱欧环境中力克群英进入咨询行业顶级公司，爸爸妈妈并没有特别惊喜，而是觉得理所应当。因为，作为"别人家的孩子"的你，其实一直很努力！

人生的旅程就是不断做选择的过程，而你，始终在每一个选择的关口全副武装，严阵以待。

以爱之名：选择最合适的给你

"十四岁之前，应该说是你们跟我一起选择吧。"你说。的确是的，如果让我对你十四岁之前的"选择"做一个总结的话，我会说：以爱之名的选择。

我们给你取名"泰然"，就选择了我们要"以自己的努力换你自由"，这是那个时期我们对于"爱你"最朴实的诠释，以妈妈当时的日记为证。

"1996年4月16日：小雨子34天，爸爸送爷爷回老家，爷爷让小雨子姓虞，算是一种回归，因为雨子爸爸是随着他奶奶的姓氏'张'。我们开玩笑说：大概爷爷觉得小孙子太可爱了吧。至于名字，相信大部分初为人父母者都会为取名绞尽脑汁，似乎怎样的名字都不足以表达自己对孩子的爱和期望。直到去上户口的路上,爸爸才脑洞大开给孩子取了一个最合心意的名字'泰然',希望以我们的努力,可以换来孩子凡事泰然自若,任何环境泰然处之的从容,不用像我们这一代,职业最大的意义终究为谋生手段。"

六岁时在父母事业高峰期带你去新西兰,想要给你我们认为最好的,这个选择奠定了你成长的主路。那儿是孩子的天堂,教育理念主张孩子强身健体,周游世界增长见识,尊重孩子的个性特点,会按不同程度分班上课。课堂往往是在面朝大海的草地上,享受阳光,请假带孩子旅行老师都会欣然应允;小学四年级之前,每天带回来的主要作业就是一个绘本,但这养成了你睡前必读书的习惯;五年级开始,才画风渐变,老师说到了培养孩子"自我管理"和责任心的时候了。

这个过程中,妈妈见证了你最初的成长。热爱阅读;懂得自律,养成了放学回家先做作业的习惯;尝试了很多强身健体的活动,空手道、足球、羽毛球、游泳等,更学会了在活动中交新朋友的技能;十岁之前你游历了澳洲、美国和欧洲的主要国家;更重要的是,你很早就接触用民主方式参与竞争,到新西兰的第二年,你便通过演讲方式参与竞选当上了四年级的年级代表,经常跟校长开会,五年级就代表学校参加外部一个"Young Leader"会议。

初中时回到上海,选择就读英国德威国际学校就算顺理成章了,因为你觉得自己习惯于英式教育体系。回想起来,当时我们的选择中并没有基于未来去牛剑或藤校的目标,更多的是顺应你的特质找最合适的给你。在上海的几年,浸润在国际学校环境中,同学和朋友来自世界各地,老师亦如此,除了从英国本土过来的老师,还有来自美国、澳大利亚、新西兰的老师。慢慢地,你也成了一个"Global Kid"。不知不觉你上了九年级,爸爸妈妈渐渐发现,我们能够给予你的已经非常有限了,你内心对自己有了期望,你更多地关注从老师、同学甚至环境中得到成长反馈,我们开始讨论你未来的去向。同样，你还是说：我一直在英式教育体系下，我选择去英国上大学。说实在的，说起去英国上大学，我们当然会想到牛剑，不是目标，而是觉得以你的天资、自律和你的勤奋，牛剑就会是你最合适的地方。既然有了目标，那能让你早一点融入当地环境中去适应，也许是最好的选择。在舍不舍得、要不要十年级就放你出去的纠结中，有件事情帮助我们果断地做了选择。

还记得吗？在上海德威学校，有一段时间你的午餐饭卡经常余额不足，妈妈了解到你偶尔会帮同学刷卡，有时候一顿会刷五次，你说：他们没带卡，会还的，但结果就是没有还，毕竟是孩子，哪还会记得欠人饭钱。第一次发现，妈妈跟你说：偶尔帮助同学没问题，但是需要还回来，因为你现在花的是爸爸妈妈的钱，等你长大了，你才可以自己决定。同样的情形再度发生时，妈妈很生气，你嘀咕了一句：爸爸不也是经常请人吃饭吗？那一刻，我明白了，孩子裹挟在两种文化中，我用西方的规则指导他，可爸爸的行为又是另外一个标准，他搞不清中国同胞之间更习惯于礼尚往来，你来我往，而西方的规则更趋于简单化。这以后，爸爸妈妈做了很深入的讨论，你内心对自己有了期望，懂得自己要什么，价值观初具模型，但是，你应该需要一个一贯性的主流文化符号，是时候给你一个新的环境去融入了……后来，去伦敦住校一个学期，回家听你跟我讲，这个耳机是花两英镑从韩国同学那儿租来的，你那条小了一点的ESPRIT牛仔裤卖了十英镑，我们笑了：环境的教育实在太重要，比父母的苦口婆心管用得多。

回顾起来，爸爸妈妈觉得很幸运，好像我们并没有刻意做什么，如果一定要挖掘一下，会很欣慰地发现：爱，是我们坚守的底线，且贯穿了始终，坚信在爱中没有惧怕，在爱中成长的孩子会懂得爱他人。我们爱你，不会溺爱你，哭闹是不解决任何问题的，要讲道理，这是我们试着跟你平等沟通的基础，我们相信可以跟孩子做朋友。亦如妈妈当初在日记中所述：

1996年6月某日：今天是爸爸妈妈结婚三周年纪念日，也是爸爸的27岁生日……我们相信，天下最疼孩子的是父母，可我们到底有多爱你，真是无以表达，我们只知道没完没了地赞美你，千方百计地逗你开心，我们也一再设想要努力上进给你创造一个成长的好环境。但有一点我们很清楚：不能溺爱你，要引导好你。

六岁时带你去新西兰，想要给你我们认为最好的，放下了我们自己的职业高峰，是爱你；十四岁让你独自去英国住校，是不溺爱你。允许你课外活动选择毫无基础的篮球，是尊重你，爱你；给你安排网球、空手道、游泳、羽毛球，想让你强身健体，找出兴趣，是不溺爱你。给你买最流行的玩具，包括游戏机，看当下的儿童剧，想让你跟上时代，也好交朋友，是爱你；跟你商量回家要先完成作业再考虑其他活动，周末才可以玩游戏，晚上九点半要睡觉，是不溺爱你。不反对你交各种朋友，不以成绩好坏为标准，是爱你；建议你要正面带领朋友和群体，坚守自己的理想和价值观，是不溺爱你；支持你享受飞扬的青春，与时代共舞，是爱你；教导你什么时候做什么事，学生时代最重要的是学业，是不溺爱你……爱你，就给你最好的。

就这样，以十四岁的年龄，你飞越重洋到了伦敦……

以自由之名：双向选择如风筝与线

记得吗，这是你在英国住校期间，妈妈给自己的QQ签名："你是高飞的风筝，希望线还在妈妈手中。"我读过龙应台老师亲子方面的系列文字，读过黑幼龙先生的《慢养》，我深知孩子终究会飞上属于自己的那片蓝天，亦如纪伯伦所说：你们将要到达的地方，是我们梦想都不能企及之处。十四岁那年，你去伦敦某学校住校，开始比较重要的GCSE阶段的学习。

回想起来，建议你去住校，除了配合成就你的目标，早一点去适应环境，还因为爸爸妈妈当时觉得我们能给予你的都已经给了，你更多的是开始从跟自己的同伴、老师和社会互动中得到成长，你已经是那个亟待放飞的风筝。但那个当下，我希望风筝的线还能在自己手中，让我知道你飞越的方向。我没有去参加过你的家长会，但我远眺你的轨迹，用你察觉不到的方式，从未曾错过你的成长。

每周五固定的时段，你会给妈妈打个电话，告知你的住宿生活以及与当地同学的相处，有没有交到新朋友，课外活动的安排，假期去监护人家的状况；各科学习中有没有特别需要沟通的，最近的考试感觉怎样；都还开心吗。妈妈也会跟你说说我们自己的生活。说实在的，妈妈没有觉得跟你有距离，也完全没有空巢的失落。记得有一次你电话里说：昨天数学 GCSE 模拟考试你的计算器没有电了，开始耽误了几分钟时间，你有一点沮丧，妈妈跟你说：没事啊，这是模拟考，你下次就一定会事先检查了，这是一个学习经历啊。考试时不细心疏忽了最后一页的事你也干过，妈妈也是这样的态度，但同样的错误你都没有出现过第二次。所以，妈妈后来会跟年轻一些的妈妈们分享你住校的经历，偶尔会开玩笑说：孩子住校真好啊，也许正是因为距离，才会有当时看起来比较客观冷静的沟通，也极好地避免了青春期遇上更年期的尴尬。

中学四年期间，妈妈没有专程去参加过你的家长会，一是因为我们之间有持续、可靠的定期沟通；二是在选择学校时妈妈已经对学校的教育理念、管理体系有了充分了解，把你交给专业人士来带领，没有坏消息就当是好消息了；妈妈也会定期跟住校学监保持联系，或偶尔跟你比较关心的课程老师通过 email 沟通。

第一次带你去看学校时，跟学监了解他们是怎样管理网络，防止住校生沉迷网络或游戏的。老师回答：我们是通过 EDUCATE，不是通过 CONTROL。这跟爸爸妈妈的理念非常契合。

再告诉你一个秘密：你刚转去国外学校那会儿，可能因为你是亚洲面孔，也可能因为你还没适应英语老师的写作风格，你在电话里跟妈妈说：这次作文我拿了 B，但我觉得老师只在我作文的前面几行划过，应该都没有把文章看完。语气里和情绪里有些许沮丧，甚至跟我说 A-Level 不会选英文这门课了。妈妈理解你的情绪，因为你英文超好，作文通常是给同学做范文学习的。所以妈妈鼓励你给老师多一点时间了解你，同时，妈妈给英文老师发了一个 Email，不经意地告诉老师你的从学背景，也请老师考虑你新进入一个环境，请求他在课堂上跟你聊聊天，稍微给予一点鼓励。那个学期结束，你的英语成绩就回到了 A⁺。没有跟你商量，是因为我知道那个时候的你，自我认知中想要独立的愿望很强烈，比较抵触家长的干预；但我仍旧要做一点什么，因为你的确还是一个成长中的孩子，你还不具备足够的沟通技巧和能力。我还知道，一个孩子对于某课程的喜爱与否，会影响他的投入和成绩；我更知道，海外的老师，对刚入校的国际生，特别是中国大陆来的学生，通常在英文这一部分一开始不会期望太高，这不是歧视，也不是偏见，这是一个大概率事实。老师并不了解你一直在英式系统读书，英文是你的强项。你看，家长稍微的沟通会在老师和学生之间搭起一座通畅的桥，有时候妈妈手里的这根线还是很有用的，偶尔扯扯，会让你不致偏离。

这根线，到了你进入牛津阶段，就真的似有还无了。没有找你看过成绩单，甚至周末固定的电话也不再常规化，但你总会用各种方式让我们了解你在做什么，下一步你会怎么做，有没有困难。我们之间很默契地建立了一个模式：彼此安好就是晴天，你有困难困惑会第一时间反馈到我们这里。爸爸妈妈大多回复：我们能做什么？当然，通常你并不期待也没有让我们做什么，但这就是父母的意义，家的价值：你不孤单，你有失去世界又何妨的底气，家是你永远的安全的港湾。

有很多专家研究亲子关系，研究家庭在教育过程中的重要性，就少不了一个讨论方向：孩子住校的优劣，或者住校的最佳时点。以你的例子来看，十四岁去住校效果非常好：在合适的年龄适时地融入了当地的文化，有了自己明显的文化符号；有机会练就极强的自我管理能力，包括期望值管理和自制力，比如：坚守"主业"保持极好的成绩，在同学们喜欢在你住宿的房间嬉闹时你会去洗衣房看书、复习；住宿环境就是一个由学监家长管理的大家庭，你有机会跟同伴建立亲如弟兄的感情，有几个可分享生命中成长故事的朋友，自己情绪低落时有了同伴的开解，有时候比父母的关心更觉得安慰；有机会与国际接轨，作为global kid，你有极强的适应性和宽广的见识，加上你博览群书，走遍世界，给你打开了国际视野，帮助你很早就确定了自己的专业方向；还有，在远离父母的环境当中，真正给了你一个独立成长的环境，有直面困难的勇气和敢于担当的素质，比如：作为学校篮球队副队长，经常参加各种比赛，受伤是难免的，但你为了不让父母担心，都轻描淡写，自己克服。

当然，世事无完美。如果要我来说对于送你出去住校有什么遗憾的话，我会说：一是亏待了你的中国胃；二是有一次你因篮球运动受伤，要拄着拐杖从宿舍四楼到一楼再到各个教室，还背上沉重的书包，这样坚持了一个月。每每想起，我都会非常难过、内疚。后来，跟你聊起这一段，你仍旧云淡风轻，但我好希望当时我可以在场帮助你。

数算起来，在你自由放飞的那一段生命历程中，还有很多很多值得纪念。这些与父母，与环境，与朋友乃至与你自己的互动，日积月累，为你之后以非常好的成绩、独到的观察和思考能力、高度的自我管理能力和社会活动参与度，得到牛津学习的机会乃至以一等成绩从牛津毕业、拿到心仪的工作机会打下了良好的基础；你因自己历经各种环境之所见所闻观察到"有的国家穷，有的国家富"，想去了解为什么，由此确定自己要学"历史和经济"专业，这个在你申请大学的PS（个人陈述）中有详细陈述，后来给众多朋友的孩子做了参考，因为其真实且真诚；你以坚韧的毅力承担着学业和求职的双重压力，既取得学业一等成绩，又拿到理想的工作机会；你在工作繁忙之际，会利用周末从伦敦飞海德堡专程去看望在那儿治病的高中同学，我就知道你有可以维系一生的友谊……孩子，你有了坚实的内心，又有爱的能力，就是你人生最强的装备。

我们选择了让你高飞，你选择了让我们手中有线，这是最美的选择。

以成长之名：选择尊重你，选择你认为最好的

如果说爱是漫漫长路，那我们也要感谢你在这个过程中给我们带来的成长机会，在见证你成长、经历困难的过程中，我们学会了真正的爱是"尊重对方认为最好的"。你可能还不知道，当我们发现你已经非常顺利地融入西方文化之后，我们第一反应是为你开心，但接下来是有相当长时间的失落与调整过程，这不奇怪，因为我们还是中国式家长啊。

爸爸妈妈学会放手的第一课应该是 A-Level 选课。选课对于你来说没有难度，因为你没有偏科，GCSE 取得 12 个课程 A⁺ 的成绩，要从中选出四门 A-Level 课程不难。原本我们希望你能适应潮流有一技傍身读理工科，或至少像你们校长找你谈话时说的：你未来想读历史和经济类很好，但 A-Level 最好也选择一门理工科课程，比如物理，这样对于进牛剑就更有把握。可是你很坚定地说：不用，即使理工科朝我开了一扇门我也不会进去。最终你遵从自己的内心选了数学、高等数学、历史、经济作为 A-Level 课程，目标是大学读历史和经济专业。

还有一次感受深刻的是你报考大学前的那一个暑假，你自己去参加了牛津大学的 OPEN DAY，没有让我们陪你去，你自主选择了三个学院来了解，然后选择了其中的一个作为目标。从父母眼中来看，那不是最好和最合适的选择，因为学院不大，录取的指标就一个，所以，面试的竞争相

当于冠亚军的竞争，有风险。我们认为，以你的成绩完全可以去大的学院试一试；同时，我们还试图对你的 PERSONAL STATEMENT 给出修改意见。记得当时你有一点情绪，大概认为这是你自己的事情，我们应当相信你……爸爸妈妈当时有一点无奈地接受了这个事实。

我们还可以回顾一下你在伦敦找实习和求职的经历，那应该已经成了你最宝贵的财富，也是爸爸妈妈学会怎样爱你的一个过程，现在看来成了我们彼此相爱和扶持的最美的见证。

生活在象牙塔中的孩子，在学校的辛苦都不算事，因为基本自己可控：只要你付出努力，成绩就会显现效果。当他们走出校园，求职过程中那种不确定性，会是生活给孩子最现实也最严格的挑战。

那是 2017 年 3 月，妈妈在伦敦装修房子。那一个雨天，你从牛津到伦敦来看妈妈，很沮丧地告知：你早已拿到 E 公司咨询岗的 Offer，可临时被通知可能换岗。我知道你对 E 公司咨询岗并不是特别满意，毕竟该公司在咨询行业不是顶尖公司，你立志从事咨询工作，而第一份工作就是起跑线，当然越高越好。原本你就不太满意，还被通知可能换岗，难过当然是难免的。你说：我有目标，我也努力了，为什么我拿不到自己心仪公司的 offer？作为过来人，爸爸妈妈当然知道有很多原因，比如脱欧进行中的大环境，比如你的对手都是牛剑精英，比如招聘人会有偏好等等，总之，不代表你不优秀，也不能期待你的优秀就一定是别人眼中的合适人选。爸爸甚至为此写了一封感人肺腑的信给你，理解你的心情和处境，鼓励你："我亲爱的儿子，你这么年轻，受过如此顶尖的教育，只要视野宽广，胸怀豁达，性情乐观，你一定会幸福满满！人生好比一段旅程，有蓝天白云，青山绿水，也有乌云暴雨，荆棘荒野，只要你抱着一种积极乐观的心态，都是一种体验，一种享受。"这只是我们的感受，我们鼓励你先拿住这个工作机会，因为我们觉得在那样的大环境下拿到 Offer 就不错了，我们也见证过你求职过程中的艰辛，不想你再去经历。但是，你做了不同的选择：读研，重新给自己选择的机会。爸爸妈妈再一次放下我们的想法，全力支持你的决定，相信你在经历当中会越战越勇，当然心里也预备了要应对下一次求职时你可能出现的情绪状况……很感恩的是，通过在帝国理工商学院一年的研究生课程，你全面学习了管理方面的知识，也在跟一些理工科同学交往中学习到他们的思维模式，拓展了你本科所学的"历史和经济"专业领域。在接下来的求职过程中，以谦卑的心和更好的装备对待每一个机会，你一举拿到五个咨询公司的机会，包括你选择就职的顶级 B 公司。你用事实证明：你的选择是最好的，我们对你的全然信任是正确的。

当我们看着你在自己的人生道路上一次次的自主选择，当我们一次次放下自己的想法，全力支持你的时候，我们明白了：当我们把你送到西方的环境当中去接受教育，我们就不能再期待你还是一个传统的中国孩子，我们经常要提醒自己你已经是一个独立的个体，爱你，最终是无条件尊重"你所认为的最好"。借用妈妈在微信里给你的留言，我们来结束这一部分的分享：

2018 年 2 月 20 日：儿子，20 年前妈妈跟麦肯锡对接培训体系建设咨询时，觉得他们好厉害，没想到 20 年后，我的儿子也成了另一家顶尖的咨询公司队伍中的一员，还是在世界的中心——伦敦，为你骄傲！妈妈希望你在高起点的职场道路上，能耐得住辛苦和寂寞，有一颗柔和谦卑和感恩生活的心，也能积极对待自己的处境和环境。你已经走在了时代的先锋队伍当中，在科技和人文理念日新月异的这个时代，你们将是主流的创造者，这是你们的使命。将来，即使偶感辛苦，但这种使命感会赋予你的生命极大的价值，你将感到骄傲和幸福。

加缪说：人生就是你所有选择的总和。是的，愿你的选择始于内心并忠实于内心的呼唤，也愿我们在选择中无怨无悔，每一个选择就都会是成长。

Taylor

7—9 年级	上海德威国际学校
10—13 年级	GCSE 和 A-Level 阶段 Dulwich College London
大学	牛津大学 Regents' Park College
研究生	帝国理工商学院

未来可期，牛津一站到底

济南　张宝香

时光如白驹过隙，女儿在牛津已经四年，转眼大学毕业读博士了，总觉得要给她写点什么，以记录与牛津宝贵的缘分。

女儿从小就很有主见，个性也比较倔强，不服输，与牛津的缘分，也得益于此。上小学、初中的日常过得很轻松，学习成绩不是太突出，但学习习惯很好。开始培养她习惯时，放学回家先完成作业是其一，对自己的事情负责任是其二，以至于后来不完成作业不吃饭。她自觉自律、讲求效率，知道自己该干什么、怎么完成，如何按照自己的心愿解决问题和做出决定，其中两件事，对她的人生轨迹产生了重要的影响：一是小学毕业坚决拒绝我们安排的双语学校，选择和自己的好朋友们直升就近的初中，理由是："这所初中就考不出个第一吗？"二是高二下学期，一场面试失利后，决然放弃看似不错的国内高考路，转而选择出国，理由是："要搞明白是为何失利的。"第一次的决定我没能说服她，第二次说服也一样失败了，然而这两次决定让她考取了全省最好的高中，也走进了牛津的大门。

考取牛津

决定出国求学时，我们对她考取名校是不抱希望的。和其他孩子的求学之路不太一样，女儿一直接受的是普通初、高中教育，在高二结束的暑假才决定出国，之前从没有接触过国外课程，算是"半路出家"。如何在一年内完成全部 A-Level 课程而顺利走进大学，是很有挑战性的一件事。可她做到了，从2014年7月底决定出国到2015年1月初拿到牛津的预录，她用了不到6个月时间——没有预估成绩，雅思也只是6分。那一年，她心无旁骛，所有时间被计划、错题本、闹钟占满，相当枯燥。因为接触晚、课程多，她自己制定的A-level学习计划都详细到每天每个小时，按照计划计时，闹铃一响结束一科学习，天天"写写写、算算算"，每次买笔要按"打"买。为了增加词汇量，一本英文词典被她细心分割成多份，自制成薄薄的口袋书，利用碎片时间背诵，第一遍记不住的词用绿色笔标注，第二遍绿色中记不住的再用红色笔标出，最后剩下的单独抄写出来背熟。去牛津参加笔试、面试前后两个月，箱子里带着的全是A-Level书，从英国面试飞回国两天以后，时差还没倒过来就参加了1月份的考试季，其间收到了牛津的预录，1月考试季她考过了14个单元。收到预录取那天，考试季正在进行，也快到女儿18岁生日了，她含泪带笑地抱着我说：妈妈，我给了自己好大一份成人礼！18岁生日，名校的录取，确实是一份大礼。她用行动证明了自己的能力，实现了求学牛津的梦想，我们全家都深深为她骄傲！

但其中的艰辛和不易，又有谁知啊？去牛津笔试前，女儿没有离开过家，独自拖着箱子飞去英国，打车到寄宿家庭，到语言学校，到牛津面试，勇敢地面对偌大一个陌生的世界。她是路痴，初到牛津，曾经晚上放学回寄宿家庭迷了路，家里没人接电话指路，一个人站在漆黑的路上哭泣；寄宿家庭比较马虎，经常不给寄宿生做饭，那两个月她就天天啃面包。除了环境的不适，学习的事情家人更是帮不上，只能是看着她把自己埋在书堆里用心苦读。因为时间紧张，去考什么、办理什么手续，计划也都排到两个月之后的日程表里。为了在规定时间内考出雅思成绩，周边地区考位紧张就大年初七离开家，蹲在南京的宾馆里候考，也曾跑去泰国占考位，往返英国考试就两次，用女儿的话说就要考吐了。那一年她飞来跑去，有过半夜到达，上午就参加考试的经历，也有转机时凌晨3点睡倒在首都机场椅子上的时候。快节奏、紧时间的奔波，导致她经常满脸的痘痘、满身的疲惫感，看着她，我好心疼。然而，所有的不容易在牛津的录取面前，都成了荣誉的勋章。

就像报考时老师鼓励的那样：梦想还是要有的，万一实现了呢！

从没想过与世界名校可以有缘分，原来，缘会来。

牛津四年的生活

迈进世界名校的大门，缤纷多姿的生活扑面而来。学院氛围十分友好，周围全是谦逊的牛娃娃，除却古老的建筑、美丽的环境外，诸多新奇的信息扑面而来：各种各样稀奇古怪的校规、独特的大学校服（Subfusc）、需礼服正装参加的晚宴（Formal Dinner）、众多的"只有你想不到，没有牛津没有"的社团活动。在这里不经意间对面走过来的就可能是世界上数一数二令人仰慕的科学家、教授、获诺贝尔奖的大儒，身边俊男美女同学里某一位可能就是未来的传奇。还有女儿最崇拜的一位教授，这位教授是霍金先生的学生，用女儿的话说，见到那位教授之前，从来不相信会有人长得又帅，学术能力又强，有气质风度还顾家。每次说起他，女儿就一脸的迷恋，说教授的夫人上辈子一定是拯救了银河系。

她，被多彩牛津深深迷住了。

是啊，能进入创建于1326年的牛津大学Oriel学院学习，何其幸也！

在牛津的日子里，收获颇丰。第一个收获也是最大的收获，是牛津赋予的独立坚韧的品格。女儿常说，牛津赋予的不仅仅是高等学府的光环，重要的是锤炼你的勇气和毅力，在牛津的磨砺、打造，能让你面对挑战时，在品格上逐渐刻印坚韧，让你在战胜挫折的时候，渐渐变得坦然和从容。

因为在牛津，你可以接触到全世界优秀的文明成果、各民族的文化精髓，在这里充满了机遇，也充满了挑战，最大的挑战还是在牛人倍增的环境里完成学业。为了能跟上学习的节奏、跟上周边大神的步伐，挑灯夜读成了常规，即使这样，女儿也常常觉得被身边的大牛们甩出了好几条街。除了整个系一起上的大课（lecture），还有教授一对一或一对二的小课（tutorial），没有课本，就自己记晦涩难懂的笔记（notes），常常会为完成论文、作业抓狂，也为如何度过考试季而惆怅。考试季非常难熬，也才有考试前走过会发出叹息声的著名的叹息桥。牛津传统是放假后回去考试，校服的样式也是根据成绩等级而不同，还有专门为一等分值学生举办的晚宴，这样压力就更大了。为了复习方便，考试前常有学生刷夜，甚至整周都睡在图书馆，加上英国阴郁的天气，有很多学生会崩溃，整日地叹气，大把地掉头发、抑郁甚至轻生。在牛津，可以让你疯狂地去玩、去嗨、去划船、去参加Party，可是面对退学率来说，不努力就意味着放弃。

想起一位记者问篮球明星科比："你为什么会如此成功？"科比说：Have ever seen the scene of Los Angeles at 4am? I see often, because I have been starting training at that time.（你见过洛杉矶凌晨4点的样子吗？我经常见，因为我每天那个时候开始训练。）

是的，没有人能随随便便成功，也没有哪一位牛津学子可以轻轻松松毕业。这就是令人艳羡的牛津学生的日常，他们不仅仅有举杯畅饮的洒脱、谈笑有鸿儒的傲娇，更多的时候，学业是紧张的，压力是常态的，图书馆的灯是长明的，孩子们的奋斗是不息的。因此，考试结束后的牛津学子会疯狂地喷香槟、喷彩色泡沫、去跳河庆贺。

有一阵子真怕女儿在牛津学成书呆子，然而，学习之余她常常参加走秀、参加学联学生会、话剧演出、参加商谈赛……喔，日子很是多彩呢。

有很多人问，女儿是如何考上牛津的，我真不知道。她不是天才，也没有太突出的特长，如果有原因，那就是这种为变得更好而持之以恒的韧劲了。进入了牛津，学校的氛围、周边人的帮助又让她在自己努力的基础上加持了力量。因为牛津，她变得更加积极、努力、独立而坚韧。

第二个收获是拥有了一大家子人。女儿大二时告诉我，自己一下子变成了人生赢家，除了拥有来自世界各地的同学朋友和五湖四海的友好之外，根据牛津大学的古老传统，她拥有了自己的学院和中国学生会分配的两个家庭的爸爸妈妈、兄弟姐妹，大二还有了在牛津大学注册的名义上的丈夫（husband）和孩子。

嗯，算一算，足足有十几口子，拥有了这么一大家子，是个赢家。

第三个收获，是所有妈妈的盼望——大学是所美容院。女儿在牛津四年，可谓脱胎换骨，读大学，读一所好大学，是幸事，让自己优秀之外，获得美丽优雅是意外之喜。进入这所每年本科录取不到100名中国学生的大学，她比原来更加勤勉、谦逊，举手投足也更加优雅、自信。在这里，身心浸染在各种文化的交织中，造就了牛津学生特有的气质：励志博学、积极向上、做人内敛、具有胸怀和气度……这份牛津的独特气质，会慢慢凝炼、散发，影响并伴随她的一生。

是所谓腹有诗书气自华！

在牛津更多的收获，还需要时间慢慢沉淀，细细地品味。

知无止境，行无止境

女儿的身边有无数优秀的人，他们不仅聪明智慧，而且每个人都多才多艺、漂亮、自信、情商高，女儿因成为他们的同学而感到骄傲，也激励她自己积极上进。她觉得考上牛津，只是幸运而已，一定要更加努力才行。为了变成更好的自己，她一直都在不断向前。

牛津大学每年的假期有6个月左右。对于孩子们来说，假期是另外一种学习，女儿也从没有松懈过，自大一开始，她去北京、深圳的公司实习，去斯坦福、清华等高等学府交流深造。不同的环境、氛围，不同的心得体会，这些经历对她也是影响颇深，其中大三时申请到清华大学信息学院的科研经历收获很大。能申请到清华大学一位大牛教授的实习项目，她很骄傲，毕竟那是国内顶尖名校，是所有中国学生的向往，教授专家云集、顶级学子遍布。实习过程感觉科研环境很好，教授对博士生的关注度很高，她接触到了数学在生物医学领域的统计应用，让她对数学的广阔前景产生了浓厚的兴趣。紧接着的假期去了斯坦福大学的科研项目组，同样是一位生物医学领域令人景仰的学者，实习体验让她更加坚定了读医学领域博士的志向和决心。

确定读博的志向后，想到读博可能会离开牛津，女儿才发现很是不舍，感觉在牛津还有很多事情没有来得及去做、去实现，她开始渴望能在牛津多待几年。知道牛津对申博学生的学习成绩和科研能力要求很高，能申请成功留下来并不简单，接下来的日子里，她把学习和科研摆在了更重要的位置，也更加关注官网的相关信息。申请季也很难熬，紧张而忙碌，要根据自己的兴趣方向，研究不同学校、不同的招生信息及要求，接受不同教授的面试、沟通，提交个人成绩、请实习教授发送推荐信，还要不定时接受拒信的打击。在 2019 年申请季，她申请了好几所高校的博士，最后成功拿到了牛津的录取。又是她自己的决定，放弃了美国的奖学金项目，选择了她爱的牛津，选择了生物医学工程博士 Offer。接下来，她将接受牛津给予的下一个四年的考验。

想在牛津多待几年，深深浸染那里的学术氛围，感受一所 900 多年的著名学府带来的文化精神、贵族精神和绅士气质。我们也知道，前方牛津大学 Jesus 学院生物医学工程系博士里程里，更多的考验、更多的艰苦在等待着，只有更加努力，才不负青春，不负韶华，不负初时来牛津的期许。

在牛津吧，未来可期，愿你一站到底！

张叶川

2009—2012 年	山东省济南舜耕中学（初中）
2012—2015 年	山东省实验中学（高中）
2015—2019 年	牛津大学 Oriel 学院数学与统计专业（本硕连读）
2019 年 10 月至今	牛津大学 Jesus 学院生物医学工程专业博士生

让我们一起飞翔

镇江　钱　兴

女儿入读牛津 Queen's 学院化学专业不觉已三个春秋了。我还清晰地记得她收到牛津 Offer 时我们全家的兴奋和喜悦，一切像在梦中，但又那么真实；我还清晰地记得老师和同学们由衷的祝福以及亲朋好友们羡慕的表情。如今她已进入了人生新的阶段，面临着新的压力与挑战。在这里用文字回忆她考入名校的经历，既是为了不忘曾经的付出与拼搏，也是提醒她珍惜为时不多的求学岁月，更是为了积极响应本书出版的主旨——为更多的家长和孩子们分享一些教育的心得。女儿的成长点点滴滴都在我和孩子爸爸的心里，思来想去，还是选择下面几点与大家分享。

教会自律与克制，放手追梦

"叮铃铃……"手机的闹铃打破了清晨的宁静，提醒了正在厨房里忙碌的我，我走到女儿的床边，弯下腰轻轻呼唤，"有有（女儿的小名），起床了，快点起床啦！"女儿熟睡的脸开始有了反应，眼睛未睁，嘴已应声："马上，马上……"等我看到她起身、洗脸，才回到厨房继续准备早餐，盛好、凉好，十到十五分钟后，女儿惺忪着眼来了，早餐的温度正好可以入口，大约半小时后，我们已走出家门。我想这样的画面大家一定都不陌生。无数个清晨，我们母女就这样掐着时间紧张而默契地奔忙着，虽然每次看到她熟睡的样子都不忍心叫醒她，有两次还因为心疼她让她多睡了五分钟而差点迟到。但孩子的父亲常说一句话："宝贝，每天唤醒你的不是铃声，而是你的梦想！"是的，没错！梦想是飞翔的翅膀，是赶走瞌睡虫的大蒲扇！也是不沉迷于游戏、不追剧的根本动力，抑或是弹奏乐器和阅读课外书懈怠时的清醒剂。

慢慢地，女儿学会了抵御诱惑、学会了自律与克制。虽然那时的梦想并不清晰，也不具体，但我们的教育目的却很明确，那就是培养她成为一个身体健康、人品端正、性格良好、心态阳光、勤奋上进的人。我和孩子的父亲都是读书人，受传统教育思想影响比较深，有时还比较严苛和古板，孔子的"逝者如斯夫，不舍昼夜""君子不器"，荀子的"不积跬步，无以至千里"，韩愈的"业精于勤荒于嬉"，直至王阳明的"知行合一"、陈寅恪的"独立之精神、自由之思想"等名人名言，我们都在她能接受的不同阶段传递给她，包括诸葛亮的《诫子书》。这些看似空洞的大道理是我们挂在嘴边的人生态度和学习理念——重视人本身的培养，抓大放小，以引导、启迪和帮助孩子为主。

记得女儿上小学的时候，有一个阶段，她的科目考试总是因为粗心而失分，这似乎不是个大问题，但做老师的我很认真地指出来并告诉她，粗心不是一个可以不在乎的小问题，它是学习中的不良品性，它会体现在所有的科目中，会出现在每一次考试里，它会跟你如影相随。我严肃的口吻让女儿知道了粗心的严重性，她很快就改掉了这个毛病。其实孩子小时候的很多事情是看家长的态度的，你放松她就放松，你严格她也就不敢马虎。

我和孩子的爸爸工作都很忙，我从不天天检查她的作业，甚至家长的签名也会敷衍，但我会在她入睡后、在我忙完自己的事情以后隔三岔五地翻看她的作业本，评估一下她近期的学习状况，并简单查看一下作业出错的地方和原因，如果问题有点严重，就在第二天晚上寻找机会与她聊天，告诉自己一定不要生气，在尽可能轻松的氛围中引导她说出学习的困难，再一起分析和寻找原因，这个时候她说什么我心里都是有数的，不至于我的建议和批评是盲目的。这样做的目的是及时掌握她的学习情况，既不过于紧张一次考试或作业的成绩好坏,也不过于放松频繁出现的问题,以免问题积少成多,导致成绩下滑还不知所以;更重要的是帮她学会了总结与反思以及改正错误、自我成长的能力。

初中的时候,她有些数学题不会做,就来问我。我首先申明没啥老本了,其次申明即便能想出来也可能不是最简便的方法,因为我没去上课,因此最好及时问老师;最后申明我不可能直接帮她做题,不管我会还是不会,都只会给她思路。即便给她思路,也是要求她一道题目想了三遍之后真的不会才能来问我,我还告诉她自己思考出来才是最快乐的。这样,我既帮了她,又让她自己学会了思考,因此没几次她就不再问我了。

因此,女儿从小到大从没有上过课外补习班,因为只有培养了学习的品质,如高度专注、勤于思考、细心严谨等,才具备了学习的能力,才能把每一门功课学好。

基于以上教育目的的长期实践,女儿学生时代的梦想便逐渐清晰起来——让青春无悔,让自己优异,先考上好的大学,再考虑未来。她把田晓菲的"纵然岸旁有玫瑰、有绿茵、有宁静的港湾——我是不系之舟"贴在了自己的衣橱上,甚至说:"我要做一颗划过夜空的彗星,在生命短暂的时间里发出所有的光芒,照亮周围的黑暗。"我和孩子的父亲如两道坚固的堤岸,让女儿这条清澈的小溪一路前行,汇聚沿途的流水,最终能流入广阔的大海。

坚持言传与身教,激励潜能

凡事说起来容易做起来难,即便有了奋斗目标和梦想,也难免会懈怠和放松,因此激励势在必行。对孩子的教育不能过于严苛和教条,我尝试趣味和愉悦。在孩子很小的时候,我为她制作了一个行为习惯积分表,每天睡觉前打分,只有加分项目,没有扣分,每五天凭积分多少可以兑换价值不等的礼品，有时让她自己提要求，那是因为我也没想好给什么，所以礼品的神秘让她充满期待。这样的积分表我用了 21 天，心理学研究也告诉我们，一个好的习惯的培养周期是 21 天。女儿的一些行为习惯得到有效的改善，不能改变的则再寻找新的激励方法。因为人心喜新厌旧，我想告诉家长的是，即便是激励也应该有据可依，不能靠自己随性的主观想法任意为之。我始终认为不是我生育了孩子就会教育孩子，就有资格和权力让孩子听从我的教导，而应该多一点科学的指导。

  成长的过程是漫长的，有时就是和人性的弱点作斗争，我们需要不断寻找激励的方法，而最好的方法就莫过于家长自己的行动——身教，做好孩子的表率。

  2013 年 11 月，女儿刚升入国内普通高中一年级不久，我的母亲便被查出胃癌晚期，不能手术。这一消息如晴天霹雳，我躲在医院的墙角泪如雨下……最疼爱女儿的爷爷也患上了胆管癌，孩子的奶奶也因两年前的大手术留下了严重的后遗症需要人照料，我们一下子进入了不堪重负的中年。我奔走于单位、家庭和医院之间，孩子的父亲也焦头烂额，女儿的高一高二就是在我们家庭中最艰难的时候度过的，但我们对她的教育不敢有丝毫的懈怠，因为这也是她人生极其重要的阶段，决定着她大学的去向。我们抽空与她电话沟通，到上海参加家长会，寻找好的雅思培训教师。逐渐懂事的女儿看到家庭的变故，也越发变得勤奋起来。

  2015 年的 3 月和 6 月，我们先后送走了孩子的爷爷和我亲爱的母亲，那一阶段的我身心俱疲，内分泌严重失调，导致身体极度不适，女儿也在压抑的氛围中结束了全国 A-Level 课程的统考，取得了不俗的成绩，即将面临牛津的冲刺。早在照顾病重的家人时，我看到了一份国家汉办选拔外派汉语教师的文件，便参加了考试，因为我知道奇迹不会在我的母亲身上发生，一切都残忍地随着时间的流逝将母亲的离去变为真实，我无力改变，我必须坚强地为女儿、为家人、为自己活着。后来我通过了选拔，被派往埃及苏伊士运河大学孔子学院担任汉语教师,任期两年。在征得家人的同意后,我决定接受任职。那是需要怎样的勇气啊,刚刚失去亲人,便要离开家人,去往陌生的国度,甚至还有不安定的局势,自己的身体也还在治疗中,但我内心深处的动力不仅来自我年轻时的梦想,更来自为女儿做表率的想法。我想通过我的行为告诉她,不管妈妈身处何种境地,我都会勇敢追求自己的生活!每个人都应该为自己的人生负责!

做完手术过了一个月,与女儿商量好要申请的大学后,我告别了父亲、兄长、亲朋与好友,在机场与女儿、先生拥抱告别。临行前,女儿送了我一本精美的日记本,嘱咐我飞机起飞后再看。当我在飞往开罗的三万英尺的高空,我看到了女儿的留言和她的一封信,信中说:"家庭和儿女应当成为一个人的动力而非枷锁……你放心,老妈,我会好好完成所有的申请,拿着漂亮的录取通知书给你看……我们都要好好地、努力地、充实地、无悔地活着……一路平安!"我的泪水无声地流满了脸庞。三个多月后,女儿兑现了她信中的承诺,这也许就是家长不仅言传,更要身教的意义吧!

传递智慧与勇气,有父乃成

在教育女儿的过程中,还有一个灵魂人物,那就是孩子的父亲,他比我更勤奋、更具有表率作用。我俩总是首先统一思想,其次分工合作,最后关键时刻还是父亲出马。我常跟朋友们说他负责战略规划,我负责具体实施。

平时,我努力协调好工作与家庭,尽可能地多陪伴女儿。幼儿园和小学的时候,我给她讲故事,陪她玩游戏、做手工、打乒乓、练书法、学芭蕾、弹古筝;我骑着电瓶车送她参加各种兴趣班的学习;初中时,我教她学英语国际音标和新概念第一册,假期与她一起出游,晚餐时听她讲述学校的快乐故事、帮她引导同学矛盾的处理、疏导青春期心理,周末一起吃遍家乡的美食和小吃。我陪她享受着收获的喜悦，也一起接受失败的考验和煎熬。最难忘的是牛津预录取后的雅思考试，她先后考了八次都没有达到每门小分过 7 的要求，我适逢海外教学任务结束，立刻回国陪伴，每晚饭后散步讨论口语话题和写作的思路，陪她分析各项问题，最后终于以均分 8.5 的成绩通过了考试，成功入读牛津 Queen's 学院化学专业！

但在我缺席的时候，在孩子对我不以为然的时候，父亲的魅力便开始展现。正如他在写给女儿二十岁生日的信中所描述的：

在你成长的过程中有两段十分重要的岁月，你妈妈不在身边，我们父女俩共同面对人生的挑战，相互陪伴，相互鼓励，终于能突破自我，取得成功。现在想起来都十分感动，非常温暖，弥足珍贵并永远激励我前行。

一次是 2000 年，你才三岁。你妈妈去外地读研，而我正好承担了单位一项重大课题，偏偏这时候我又报名参加法律的自学考试和区里的公选考试。繁重的科研任务和备考压力压得我透不过气。白天爷爷奶奶带你，累了一天后，晚上就由老爸带你。那时候我们家的房子很小，根本就没有什么书房，我在床边放了张小桌子，那就是我读书学习的地方。我清楚地记得，每天晚饭后，我就抱着你往我大腿上一坐，给你一支笔，几张纸。然后跟你说："爸爸学习了，宝宝也学习。"说实话，小时候你还是很调皮的，你哭的嗓门比谁都响，荡秋千荡得比谁都高。但奇怪的是只要你坐在老爸腿上，你就比谁都乖，拿起笔在纸上认真地写啊、画啊，画累了，你就静静地睡着了。而老爸看书也非常专注，甚至忘了你坐在我腿上。我到现在依然清楚地记得你没有丝毫影响我学习，反而使我注意力高度集中，记忆力出奇地好。最后我的课题顺利完成，并获了奖，成为我市水利建设的重要依据，所有的考试也全部高分通过。亲爱的宝贝啊！是你给了我灵感和动力，你是我智慧和勇气的源泉。

还有一次就是 2015 年到 2016 年。又是你妈妈不在家的时候，这一次她走得更远，到了埃及孔子学院教书。此时你迎来了人生读书生涯中最重要的挑战——准备牛津的面试。谁都知道牛津的面试题十分刁钻，异常困难，并且录取率很低。为了准备面试，我们父女俩分头收集资料，研究面试题目，商讨面试技巧。你自学麻省理工大学的公开课，我则愣是把一本厚厚的从网上淘来的《牛津面试技巧》英文原著啃了下来，不知死了多少脑细胞。终于，你独自一人前往牛津大学参加了严苛的面试，只面试了一轮便回来了，你妈忐忑地反复地向你询问面试官的表情，遗憾你没有获得第二次或第三次的面试机会。等到预录取通知发放的日子，我们一家人在两国三地度过了一个不眠之夜。偏偏你申报的学院录取通知书发得较迟，所有关心你的人都在为你担心，而只有老爸不担心，我坚定地认为你一定是一次就通过了面试。果不其然，你的预录取终于姗姗来迟了，我佯装淡定地接受了你的好消息，心里却为辅导了你的面试而洋洋得意呢！可是牛津正式录取你还有另外的条件——除了专业课的分数要求，雅思每个小分要达到7或以上。完了，这太难了！老爸没有办法帮你，只有默默地每天背上一两百个英语单词，坚持扇贝打卡，你准备了多久，我就打了多久的卡，还把我打卡的战果分享给你，因为我相信我们父女连心，我背的单词能通过我的脑电波传给你！结果我们的努力感动了上苍，你的雅思考试成绩终于全部符合要求！专业课也全部轻松通过！你终于在金秋十月，飞往遥远的英国，进入了很多人梦寐以求的大学！你开始在更广阔的天空飞翔了！

但上了名校的你千万不要自我膨胀，老爸还要对你提几点要求和建议：

第一，永远要保重身体并注意安全。

第二，无论面对逆境、顺境，请保持一个乐观的心态，从容面对生活、学习中的一切困难。

第三，作为女性，你需要保持自己的生活环境干净整洁，让自己一生美丽优雅。

第四，如有可能，不断地追求卓越。

第五，你可以考虑建立自己的信仰。你可以信仰真理，信仰宇宙，信仰自由或其他什么。一旦你确定了你的信仰，你的生命就有了方向。信仰是人生的灯塔！

第六，永远怀着一颗感恩、谦卑的心。在浩瀚宇宙之内，甚至在人类积累的知识面前，我们每个人都十分渺小。牛津只是你学习的起点，未来还取决于你的努力和奋斗。希望你感恩所有帮过你的人，包括天地万物。永远保持一种谦卑的心态。

以上便是我们家灵魂人物对女儿的陪伴与帮助！

从女儿呱呱坠地到进入牛津大学，18年的故事实在太多，无论是激励、陪伴、引导还是帮助，其实都是双向的，从来都不是我们家长单方面的付出，是我们借由孩子的成长而共同进步。我很感激我的女儿，我们彼此陪伴、配合默契；我们克服困难、相互成就。

每个孩子都是独一无二的，没有可以完全复制的教育方法，但其实也都可以"私人定制"，而方法就在您的手里！当我们了解孩子的优缺点、兴趣与爱好后，当我们想清楚要把孩子培养成什么样的人才后，正确引导孩子树立目标，培养好的学习品质，找到学习的动力，用我们的言传身教，一定可以帮助孩子一起飞翔在广阔的蓝天里！

祝孚嘉（Julia）

2013 年 9 月	江苏省镇江中学高一
2014 年 8 月	上海复旦光华国际高二
2016 年 10 月	牛津大学 Queen's 学院化学专业，本硕连读

爱之梦

武汉　申文全

　　五月，美丽江城，春暖花开，我和远道而来参加"牛津剑桥第二届桃花会暨武汉—伦敦站家长同学聚会"的100多位牛剑家长及同学们相聚于武汉东湖之滨，这里风景秀丽，碧波万顷，鹭飞鹤翔，鸟语花香。高朋雅集，情满四方，大家兴致盎然，一起分享着孩子们阶段性成功的喜悦，并就学生专业选择、学业精进、实习申请、申研申博、学术造诣、工作就业、交友恋爱等方面统筹规划问题进行了深度交流，与会者意犹未尽，颇受启发。

　　很多成功入读牛津、剑桥大学的孩子都有国际教育背景，有从小出国，随父母迁徙，寻找最佳路线，最后"金榜题名"的；也有直接在新加坡、香港等地接受优质基础教育后升学"牛剑"，更多的孩子则是"留学"于国内风生水起的知名国际学校，被"牛剑"录取。

　　作为一名在体制内接受教育通过高考进入武汉985高校、本科毕业后升入牛津大学St.Anne's学院的硕士生家长，我在这次聚会中发现与我类似情况的家长很少。据了解，2018年从武汉市的国际高中最终入读牛津大学本科的孩子有5位；作为世界上在校大学生数量最多的城市——武汉，2018年从武汉市内高校或湖北省内高校应届本科毕业升学到牛津大学读硕士的，只有我孩子一人。

　　牛津大学位于英国英格兰东南区域牛津郡，是英语世界中最古老的大学，被公认为当今世界顶尖的高等教育机构之一。2019年9月11日，泰晤士高等教育（THE）公布了2020年全球大学排行榜，牛津大学连续第四年位列榜首。孩子有幸进入牛津大学深造，这一路历程，与其说是我们家长引领了孩子成长的正确方向，不如说是在书多爱多分享多的家庭氛围下，孩子自己怀揣着梦想，用她那稚嫩却坚定的脚步，用她的聪颖和专注，走出了让我们家长一路欣喜一路认同一路感慨也不断成长的道路。我们携手前行，用爱和陪伴，鼓励支持着孩子圆梦牛津大学。

儿时成长漫记

我们的女儿 Kellsy 出生在长江右岸边的武昌古城区北城角，周围汉阳门、司门口、都府堤、户部巷、楚材街、粮道街、候补街等久负盛名的古老街道纵横交错，里巷阡陌。自明清两代作为湖广治所的武昌古城，衙署众多，商贾云集，府学贡院林立，文人学士荟萃。在昔日武昌贡院遗址处的牌坊上，至今仍高高悬挂着写有"惟楚有材"四个遒劲有力白底黑字的匾额，它穿越历史之门，再现了武昌古城钟灵毓秀，古朴厚重的文化气息。

立秋的次日申时，我们的女儿 Kellsy 以她独特的呜哇呜哇的啼哭声出生了，这声音是我听到的世界上最美妙最震撼最让人幸福的声音，孩子能够平安降临是上天恩赐给我们最弥足珍贵的礼物。这时，护士长胡大姐对我说："孩子早产，身体很虚弱，你赶快去买两罐能恩的奶粉，这个能恩奶粉对孩子很重要！"

领了新爸上任后的第一个重大任务，一种神圣的使命感从内心深处油然而生。我早已顾不上火炉武汉正值酷暑三伏天的烈日炽热，迫不及待地跨上邮电绿色 28 自行车，在有着近 1800 年历史的武昌古城的大街小巷急速穿行。我先到解放路最繁华的闹市中心曹祥泰副食品商店，找营业员买"能恩牌"奶粉，她说没听说过"能恩牌"奶粉。我只得匆忙赶往司门口商业大楼、"百年老店"伍亿丰商场和中南商业大楼等众多商品门类齐全、各具特色的武昌区几个商业大门店，却都没买到"能恩牌"奶粉。失望疑惑之余，我只得自作主张买了一罐金装多美滋奶粉作替代。后来才知道，"能恩"是雀巢牌奶粉的一种，适用于早产儿及低体重出生者。如果当时我不坚持要"能恩牌"奶粉，而是买"雀巢牌能恩奶粉"的话应该可以买到。不得不说这是孩子出生当天由于我没做好功课而留下的一件遗憾事儿。

当奔波几小时早已汗湿衣裳有些疲惫郁闷的我回到医院，一个让人瞬间窒息的可怕消息袭来，因孩子早产，吸吮进食困难，经医院产科、儿科专家会诊后，给我们家属下达了一份孩子的"病危通知书"！这晴天霹雳，叫我们猝不及防，怎堪接受？！我们感觉天都快塌了，真是痛不可言。在数小时前刚出生、小脸蛋白里透红、睁只眼闭只眼、头发浓黑的女儿，你现在可好吗？我们是多么希望你能够闯过难关，转危为安！

新的一天来临，早晨当护士用盛了3毫升母乳的滴管喂她时，奇迹出现了，女儿居然开始咂吧咂吧地吞咽了。当新的一天再度来临，医生建议试试让母亲直接用母乳喂养孩子，接下来的情形让我目瞪口呆笑逐颜开热泪盈眶终生难忘。当孩子妈斜抱着女儿放在胸前，孩子两只小手紧紧扒着妈妈，竟会自己用小脸在胸部摸索磨蹭，直到小嘴准确地含住乳头，就急迫地吸吮起来，她铆足力气猛吸了一阵，累得气咻咻，停下来喘口气接着再吸，灿若红霞的小额头上沁出一层细密的汗珠。这分明就是一位健康聪明的宝宝嘛，哪里是不会吃奶的小孩呢？我们可爱的女儿用自己与生俱来的原动力战胜了她人生路上的第一道难关。

在 Kellsy 四个月大的时候，曾经梦想做一名幼师的孩子妈抱着她绘声绘色地给她讲龟兔赛跑的故事。女儿就一直用水汪汪的大眼睛盯着妈妈，聚精会神一眨不眨好像听懂一样。故事讲完妈妈把女儿放床上，起身去倒水喝，当妈妈再进房的时候，看见还没长牙的女儿一个人在床上张着嘴咯咯咯咯地笑个不停，手舞足蹈欢快灵性如天籁般的笑声那么有感染力，这是我们第一次听到女儿发出真正意义上的笑声，她一定是为妈妈故事里的乌龟获胜而喝彩呢。

从这天起，我们就有意识地每天坚持给 Kellsy 讲童话故事、读优美的儿歌或朗朗上口的简单古诗。虽然女儿还不会说话，但看着她那双亮晶晶充满好奇的眼睛，我们觉得应该让她多接触一些新鲜的语言信息和有趣的故事，让她幼小的心灵感受到这大千世界的丰富多彩，感受到父母对她的温暖和爱，也让她萌发对这个全新世界的好奇和兴趣。看得出 Kellsy 也是很享受这样的"每日故事会"，当我们讲到开心明朗美好故事的时候，她会兴奋地点头拍手或用咯咯的笑声来回馈我们；但当我们讲到如《卖火柴的小女孩》的悲惨结局时，她就紧蹙眉头，撅起嘴唇，清澈明亮的双眼竟噙满了泪水，悲伤之情溢于言表。

我们小家和爷爷奶奶、外公外婆的家都在武昌古城区的长江江滩附近，彼此距离不到十分钟的路程，白天我们上班，两边的老人就争着帮带这个乖巧的孙女儿。

从省农垦局刚退下来居住在农垦大院的外公，特地去买了一套交通工具儿童识图卡片，白天就拿出一张张卡片教七个月大的 Kellsy 识图认车。什么样的是公共汽车，它有什么特点，什么样的是小轿车，还有摩托车、自行车、工程车、消防车、救护车、警车，等等。外公外婆在教她的时候，也不知道孩子听不听得懂，但孩子目不转睛地注视着这些五颜六色的识图卡片，跟着摆弄着，不住地点着头。很神奇的是，第二天，当外公再次拿出卡片问 Kellsy，什么是工程车啊？只见她扒开其他图片，准确地从一堆图片中抽出了工程车的卡片。再问其他的车辆，她都能正确地抽出那张卡片来。外公外婆都倍感意外，孩子还不太会说话隔天竟能识卡记图！傍晚我们下班来抱小孩时，外公忍不住对我们大加赞扬："这小娃娃记性真好，太聪明了，你们可要好好培养她！"

Kellsy 在八个月大的时候特别喜欢咿咿呀呀地学大人说话，能清晰地叫"妈妈"和"爸爸"了，在与人对话时，最爱干脆利落地说一个"好"字，常逗得我们忍俊不禁。有次在外婆家，舅舅看到孩子一个人在叽叽咕咕地说个不停,就问:"你姑娘嘴里不停地在说什么呀?"孩子妈仔细一听,原来是Kellsy在模仿妈妈读古诗呢,"锄禾日当午,汗滴禾下土。谁知盘中餐,粒粒皆辛苦。"通过"每日故事会",不到一岁的女儿已经能用不太清晰的儿语背诵好几首简单古诗了,在语言能力和记忆力方面显露出一定的天赋。

在Kellsy满周岁这天,我们全家为孩子举办了一个在武汉较为流行的测试幼儿爱好和前程的民俗娱乐节目,就是"抓周",借此庆祝宝宝1周岁的生日。奶奶在餐桌上铺好一整块淡红碎花布料,上面呈扇形均匀摆放了钱币、钢笔、玩具、口红、印章、书、吃食、首饰、铲子、剪子、算盘、尺子等六六大顺共12种各具象征意义的物件,然后把孩子抱过来。Kellsy坐在桌上,看着眼前琳琅满目的不同物品,红艳艳的脸蛋显得特别高兴。我们松开了女儿的手,示意她最喜欢什么就先去抓起那个东西。Kellsy先看看站在四周瞧着她的大人们,然后低下头去,扫视了一遍桌上的物件后,一伸手,抓起了钢笔抱在胸前。"小宝贝真有灵性,抓笔,文曲星下凡了。"奶奶一句舒心的玩笑话,引得大家开怀大笑,这笑声也寄托了长辈们对女儿浓浓的爱和美好的愿望,希望她以后健康成长、学有所成、开开心心、平平安安。

紧要处的几步路

路遥在《人生》中有句名言:"人生的道路虽然漫长,但紧要处常常只有几步,特别是当人年轻的时候。"思考人生的道路,这句话常给人很多的启迪。

女儿一天天快乐成长,一天天变得懂事,作为家长的我们是该认真思考一下Kellsy的教育启蒙问题了。选择远比努力更重要,努力的人有很多,但并不是人人都会选择。方向决定成败,失去方向的努力,往往会成为无用功。

　　武昌区是有名的教育大区，这里办学历史悠久，名校荟萃，是湖北省现代教育的发轫之地。我们家附近教育资源丰富，各类学校星罗棋布。距离我家楼下几分钟的路程就是武昌区机关幼儿园，这是一所建园六十余年的知名公办机关幼儿园。是在这里开启我们孩子的幼儿教育，还是到距离稍远一些的武汉音乐学院幼儿园呢？我们选择了后者。

　　以音乐艺术为特色的武汉音乐学院幼儿园依托音乐教育高等学府，艺术氛围浓厚，在这里，两岁半的 Kellsy 早早地开始了她人生路上的教育旅途。每天早晚接送她的时候，特别是下午放学时，我们常会带着她在音乐学院里多待一会儿。我们行走在武音校园，穿过绿色葱茏的都司湖畔，沿途经常可以听到有人在"咦咦咦啊啊啊"地吊嗓练声，或者有人在用各种乐器演奏一些优美动听的乐曲，还能看到一些身着舞蹈服的专业学生刻苦练功的身影。可以说从小就让 Kellsy 身临其境感受到了丰富的艺术熏陶，让她知道原来还有这么多有趣的事物可以来点缀、充实我们的生活。

　　Kellsy 三岁时，我们给她报了音乐学院举办的"幼儿音乐启蒙班"，当时是由一位五十多岁的陈副教授担任主讲老师，Kellsy 跟着她接受了音乐教育启蒙。在陈老师的带领下，通过做少儿游戏，在轻松愉快的过程中她学会了一些简单的五线谱，认识了"小蝌蚪"，还能够拍着小手有节奏地唱出简单的乐谱。陈老师曾对我们说过："这个孩子很精明，学东西很快，是我见过的最有天分的孩子之一，只要好好学，将来一定会有出息。"

　　有一次我进幼儿园教室接孩子，我抱着她走向前面的教室门，她用小手着力指向另一头的钢琴，示意让我看钢琴。我抱 Kellsy 过去，揭开琴盖，生性腼腆的她胆怯地用手指轻轻敲向键盘，钢琴瞬间便回应了一个悦耳的音符声。Kellsy 惊奇地咧嘴笑了，兴奋得双眼放出异常喜悦的光芒，这可能是她第一次亲手触碰钢琴琴键，平时我们不在身边时，她独自一人大概是不敢去触碰教室里的钢琴的。她趴向我耳边对我说："爸爸，我想要学。"

053

学钢琴在当时可不是一件简单的事，琴很贵学费也贵，而且学琴也很辛苦，我逗她说学琴很苦的你不怕吗？Kellsy 很认真地回答她喜欢钢琴，她不怕苦。还能说什么？我满口答应要给孩子买一台钢琴回家让她学。听到我的这个承诺，我们的小 Kellsy 一直到晚上都脸蛋绯红，十分快活。

就这样，三岁半不到的 Kellsy 开始了她的业余学琴之路，这一路上我们都是请武汉市有声望有经验的钢琴专家给她授课，一周或两周上一次课，从未中断，一直坚持学习到她读高二的 16 岁，因面临高考而没再继续跟钢琴老师学习。但直到今天，只要有空，她都会愉悦地坐到钢琴旁，行云流水地弹奏起各种美妙的钢琴古典乐曲。钢琴俨然已经成为将陪伴她一生的最忠实的朋友，这也是我们做父母的能送给孩子的最好的终生礼物了。

学琴之路孩子妈可以说付出最多，几乎每次都是她陪伴着 Kellsy 一起上课，她带头学琴，携孩子一起成长。由于初期的练习曲比较单调，孩子有点坐不住，孩子妈就通过各种方法调动 Kellsy 的学琴积极性，有时是一包零食，练一曲就喂一口；有时是她和孩子比赛看谁弹得更好；有时是让孩子扮演小公主，扮演上台演奏的钢琴家，等等。这么一路下来，陪孩子学琴的妈妈成了半个钢琴通，现在她也能轻松弹奏四级左右的曲目了。

Kellsy 学习钢琴的收获就更大了，不仅练就了钢琴"童子功"，掌握了乐理知识，还在钢琴演奏技巧上得到了认可。如在小学五年级时就以"优秀"的等级成绩获得了钢琴十级证书，获得过很多个省市区艺术小人才钢琴比赛一等奖；初二时参加第六届楚天艺术大奖赛，获得了"少年 B 组"钢琴专业全省唯一一个"特金奖"；同年于圣诞节前夕与享誉国际的著名钢琴家郎朗同台演出，等等。更多的收获还在于 Kellsy 整体素质的提高上，比如抓住了孩子大脑神经发育的最佳时期，通过左右手十个手指分别灵敏地交替长时间弹奏乐曲，开发了智力，培养了孩子的耐心和毅力，提高了孩子的自信心，锻炼了她良好的手脑协调配合能力。通过长期练琴，Kellsy 拥有了一双"音乐的耳朵"，进一步优化了她的记忆力和良好的思维能力，提升了艺术表现力和想象力，也增强了孩子对音乐的鉴赏力，丰富了业余生活，同时，钢琴也成了孩子情感生活的一种寄托、一种宣泄。通过钢琴的学习，Kellsy 还触类旁通地学会了如长笛、葫芦丝等多种乐器。

学钢琴对孩子专注和高效的记忆力的培养是很有帮助的。爷爷至今还记得 Kellsy 在武昌区中华路小学读书时，有一天她在爷爷家里认真地读着语文课本，爷爷突然想要考考 Kellsy，问她能不能背课文，孩子脱口而出："这一整本书我都可以背出来。"爷爷不敢相信，就拿过她的语文课本，随机翻到第五课让她背，Kellsy 很快就背出来了，一字不差。接着，爷爷没按顺序又挑第八课、第十课、第十三课……孩子都能一字不差地背诵出来。爷爷让她背书时，只是说第几课，可 Kellsy 连那一课的标题也一起说了出来。这孩子背书不是八九不离十，而是十分准确，一字不差。爷爷当时非常惊讶，心想这孩子真是天才。

当然，长期坚持钢琴学习之路并不平坦，冬练三九夏练三伏，跨江跨湖，栉风沐雨，甚至充满了艰辛和曲折。Kellsy 也曾为此流过很多泪、吃了不少苦，所幸陪伴和爱让我们共同见证了何谓来之不易。天道酬勤，辛勤的付出是世界上一切欢乐和美好收获的源泉。

但行好事，莫问前程。我们希望尽可能给孩子创造条件，努力为孩子终生可持续发展奠定全面素质基础，而不是去功利地计较得失回报，去纠结未来的道路会如何。我们乐于看到瓜熟蒂落、水到渠成的结果。

Kellsy 的初中，我们选择了武汉外国语学校美加分校。这是一所采用小班制教学（每班 20 人左右）的寄宿制学校，国学教育和外语教育是该校的两大特色。学校地处中国最大的城中湖——武汉江夏汤逊湖畔，环境优美，设备先进（还有琴房供学生无偿使用），师资力量雄厚，学风良好。这些都是我们所看重并喜欢的。

因为 Kellsy 是独生子女，长期在我们身边长大，生活相对优越，很多事情都由长辈代办。我们希望她在独立能力方面得到一些锻炼，包括生活能力、学习能力、自护能力等，并增强社会适应性。国学教育可以让古诗文经典浸润孩子心田，提升人文修养。同时，学好外语也有助于拓展她的视野和胸怀，理解包容东西方的不同文化，培养其跨文化交际能力，成为具有中国文化素养、能和国际接轨的一代高素质新人。所以在初中阶段我们尝试为她开始了一种全新的学习生活方式，送她去寄宿制学校住校学习，每周末接送回家一次，做到既放手又不撒手，让她独立完成一段个人的青春成长之路。

从外语教育的角度看，美加课堂内外都充满了英语学习氛围，晨读、外教、英语日、英语角、来自世界各地的同学、丰富多彩的日常英语教学活动，等等，提高了学生学习和应用英语的兴趣，也增强了学生的英语表达和英语思考能力。Kellsy 很适应在美加的学习过程，进步很快，为自己打下了扎实的英语听说读写基本功，个人英语水平也进入了全年级的前列。又因为 Kellsy 拥有一双"音乐的耳朵"，听音辨音学音识音既快又准，因此她英语发音非常地道，以至于在初三分班进入快班后，新的英语老师 Viviana 还一度以为 Kellsy 曾经在英语母语国家生活学习过。也曾有同学向其家长提出要参加海外游学的理由之一就是，Kellsy 同学在国外生活过，她的英语才说得那么标准那么溜，所以自己也要参加出国游学。其实在读大学之前，Kellsy 是没有出过国的。

在美加整洁明亮的大教室里，Kellsy 不仅英语水平得到了长足的进步，其他各门学科均得到了提高和全面发展。她忘不了在美加的清晨，和同学们一起在绿茵操场上奔跑或在武当师傅带领下学练传统武术，忘不了朝读时间的国学经典和英文经典的诵读，忘不了经常黏在一起探讨知心话题有共同爱好的三两知己，更忘不了那些勤恳敬业无私奉献的美加老师们！特别是教数学的班主任——美丽的庞伟芳老师，晚自习时间经常陪伴着同学们一起学习。Kellsy 的成绩一直不错，但庞老师为了让孩子在学习上继续保持"争先创优"的良好态势，给予了她很多的关照和个别辅导，在晚自习时就常让 Kellsy 等同学坐在讲台旁自己的身边一起学习。庞老师看着学生们做数学作业，了解孩子的解题思路，鼓励孩子独立思考后再细致耐心地讲解……

中考结束，Kellsy 以优异的成绩考进了很多湖北学子梦寐以求的湖北省武昌实验中学。它创建于 1920 年，其校址位于明清武昌贡院遗址所在地，校内立有"惟楚有材"牌坊，属全国首批重点中学。

然而，在这所高中的第一个半年，Kellsy 却遭遇了她求学生涯中非常晦暗的一段时间。

从倡导素质教育、快乐学习的美加毕业进入高中，Kellsy 可能还在回味着美加那种"每周三为无作业日，有英语角和很多社团活动可以自由参与"的生活，然而现实世界中高一的步调就像慢慢上紧发条的钟表，节奏越来越快，语数外理化生政史地各学科的学习任务和作业铺天盖地地袭来，当时担任英语课代表的她在个别学科上的成绩亮起了红灯。

其实这也是一个正常现象。从初中升学进入高中是学生人生道路上的一次飞跃，也是学习生活的一次跨越。初高中知识跨度大、难度加大、学科增多，老师的授课方法也不尽相同。所以这时需要及时帮助学生在思想认识和学习方法上做好衔接工作，调整好心态，尽快缩短再适应过程才好。很可惜刚进高中的 Kellsy 没有遇到像初中庞老师那样的班主任。

这位老师没有帮助 Kellsy 分析问题解决矛盾，而是处处批评严厉责怪，"又是你！"这是她指责 Kellsy 时的口头禅，老师的"威严"让 Kellsy 无所适从。

有段时间我们不了解情况，也跟着在家里批评 Kellsy，这样她一共受了双重委屈。但经过我们和 Kellsy 推心置腹地交流后，我向她道歉了，很多时候不是她的错，但她替别人背了锅。比如有人在教室右后方窗户上贴了一张纸把玻璃遮住，别人就不能从外面观察教室内部的情况了，而这天恰好轮到 Kellsy 坐到这个窗边，遇到那位老师从窗外经过想看教室里面，就这样 Kellsy 被"抓到"后不容分说给狠狠地批评了一通。又比如，规定在晨读时不能传交作业本，但后座男生很调皮，不停地摇 Kellsy 的椅子非要她接受，Kellsy 说不能传，他不听还踢椅子。实在没法，Kellsy 只得用一只手接过后面传来的作业本，可就在她拿到作业本的这一瞬间，在讲台上的老师就大声呵责起来："又是你，破坏老师的规矩。同学们都抬头看着她！"可能有一位同学没看过来，老师就朝他扔去粉笔头："看着她！"然后就在全班同学的默然注视下，Kellsy 又被好一顿斥责！

由于经常被某老师以各种理由当着全班的面大声批评，正值青春期自尊心很强的 Kellsy 只能默默忍受着，尽管不断试着让自己内心变得强大，但学习还是受到了影响，成绩没有朝好的方向发展，有点恶性循环了。

怎么办？作为学生家长，我冷静地考虑了很久，没有去找老师申辩理论，但我们选择要离开的想法却愈加坚定。有时人需要一些忍受，去忍受生命赋予我们成长的责任和苦难。由于 Kellsy 对文科大类都有着非常浓厚的兴趣，所以她决定在高一下学期学校进行文理分科时选学文科，这样也就可以有一个新的环境了！

高一下学期，Kellsy 被随机分班进了一个文科班。新任班主任谭德平老师和蔼可亲，课堂上分析数学难题抽丝剥茧细致入微，课下和同学们打成一片做知心朋友。在文科班里，孩子还遇到了很多优秀的老师，获得了很多鼓励和帮助，很快她的勇气和斗志又回来了，她在家里的小白板上写下了："读迎晨曦，我的 985 大学，等着我！"

在分班后的第一次月考中，Kellsy 考出了全年级文科总分第六名的好成绩，这在高一上学期是不敢想象的。很庆幸上天给了 Kellsy 一次痛苦的考验，在通向大学象牙塔的最后一个重要关口。面对挫折，我们勇敢的女儿用自己坚韧的毅力和不屈的意志战胜了她人生路上的又一道难关。

随后的高中迎考生活漫长却又不失乐趣，我们的陪读生涯，我们的心情写照，正如歌曲《春暖花开》所描述的那样，那么真切那么壮美那么让人动情和难忘。"如果你渴求一滴水,我愿意倾其一片海;如果你要摘一片红叶,我给你整个枫林和云彩。如果你要一个微笑,我敞开火热的胸怀;如果你需要有人同行,我陪你走到未来。春暖花开,这是我的世界,每次怒放,都是心中喷发的爱!生命如水,有时平静,有时澎湃,穿越阴霾,阳光洒满你窗台。其实幸福,一直与我们同在。"

你的大学你做主

时光飞逝,仿佛就如昨天,我们第一次送孩子跨入华中科技大学校门,脸上洋溢着温暖的笑容,手里提着 Kellsy 即将开始大学学习生活的用品。穿过氤氲着绿色迷雾如森林一般美丽的校园,迎面都是灿烂笑容青春洋溢为新生热情服务的学长学姐志愿者们,一切都是如此新鲜美好,未来如此触手可及,如此有希望!可是一眨眼 Kellsy 这大学四年就该翻篇了,她就要和承载着她四年成长的华科大说再见了。

美好的回忆、珍贵的友谊都将化作 Kellsy 生活中的缕缕阳光,照亮她勇敢前行的道路。我们很感激华中科技大学提供的这个"学在华科大"、充满神圣使命感的学习平台,也非常感激华科大外国语学院老师们对她的教导与帮助,以及同学们一起营造的团结友爱、共同进步的良好班级环境。

可以说,Kellsy 的生活一直以来算是循规蹈矩的。从小学开始,她就是个听家长和老师话的乖孩子,在升学的道路上也是在体制内慢慢地顺着路标在走,一步一个脚印地经历了小学入学面试、中考、高考,这其中显然不乏波折与起伏,但是方向却从来都被指引得非常清晰。高考结束的那天,Kellsy 却说她一直睡不着,因为她所熟知的生活模式似乎就这样以收卷的方式被打破被终结了,她不知道下一步还要为哪一场考试倾尽全力,也不知道以后如果没有满满的课程、自习安排和无数张有固定题型的试卷,她该如何寻找生活的意义?即将开启的大学生活是否真如我们期待过的那样?

在 Kellsy 看来，留在家乡武汉读大学算是幸运的，从家到学校并不太远，每个周末都能回家。由于从小到大都待在武汉的原因，这里算是 Kellsy 的舒适圈，有家人和朋友的陪伴，她不愿离开，也从未想过要出国念书。直到大一的暑假，Kellsy 参加了学校 SICA 组织主办的"华中科技大学—麻省理工学院联合夏令营"，第一次见到传说中世界名校的学生。那些天 Kellsy 一直沉浸在兴奋和开心之中，回到家后滔滔不绝地和我们谈着她的感受和想法。原来她和三位麻省理工的同学一起参加活动，让她切身感受到了他们身上有一些自己向往却没有的品质，那就是：活跃的思维、敏锐的领导力、强大的气场和无比自信的神态。于是 Kellsy 郑重地向我们提出她希望去争取海外名校留学深造。

Kellsy 的变化让我们振奋，在留学问题上老实说我们是迟钝的家长，过去一直注重对孩子个人素质的培养和提高，但对其成长道路却没有预先规划和铺垫。一切来得就这样自然，有些路必须一个人走，而她选择独自面对，敢于努力前行。我们为 Kellsy 追求理想所展现出来的勇气和独立精神感到欣慰和高兴！

然而开始朝着这个目标迸发时，并没有我们想象的那么容易。一方面是之前对海外学校以及留学申请过程并不了解，另一方面是初入大学，以为"来到大学就万事大吉了"，浪费了一些学习时间和提升自我的机会。所以当我们接触到一些海外名校的录取要求时，心里不禁一颤，倒吸一口凉气，突然扑面而来的巨大压力也让我们有些焦虑。

因为大学的压力和以前面对试卷的压力不一样了，再不是多刷几题多读会书就能解决的了。大学更像是一个小社会，Kellsy 必须要开始像成年人一样冷静思考和面对自己的专业问题、社交问题及生活问题，开始不断培养在社会中生存的能力，而其中很重要的一个能力就是抗压能力。学业、学生会、社团、爱好、社交软件上的活跃都是需要合理的时间安排和精力投入的，这么多重担压在 Kellsy 的时间表上，让她觉得自己的生活仿佛一团糟，每天虽然还是背着重重的书包赶时间到处跑，但是却好像一直在乱撞，再没有一个像高考那样发光发热、万物唯一的终点来指引方向了；时间一久，就会感觉非常疲惫，而且自信心越来越受挫。

当意识到这个问题后，我们和Kellsy促膝长谈，认为当务之急就是要想办法找回自信心。于是她想到从两个方面入手，一方面是专业能力提升，另一方面是课外能力的提升。她开始自己寻找与专业相关的实习工作，并且竞选上了他们翻译班班长的职位。这时，有位同学因为暑期要回家，她当家教所带的两个学生需要找一个新的本地老师，Kellsy就这样有了她的第一份英语家教的工作。很幸运的是，两位学生和她们的家长都非常配合Kellsy的工作，而且她们说很喜欢Kellsy的上课方式，也开始对英语有了非常大的学习热情，这让Kellsy倍受鼓舞。慢慢地，所带的学生进步越来越大，孩子们也把Kellsy当成知心朋友，乐于和她分享学校里好玩的事儿，这让Kellsy很欣慰，也觉得很温暖。

于是，她开始进一步尝试更多与英语教学相关的实习工作，以丰富自己的课外经历。她到本地一所高中申请了实习，后来又拿着自己裸考的雅思8分（其中口语8.5）的成绩去武汉最知名的语言培训机构应聘上出国留学人员听、说、读、写全科主讲老师的职位。同时她也参加了很多学校组织的相关义工活动，比如去某培智学校作志愿者老师；去武汉晴川阁景区担任双语讲解员，并有幸于2016年国庆节在做双语讲解工作时被中央电视台新闻频道"国庆特别报道"现场直播；2018年英国首相特雷莎·梅访华来武汉时担任武汉中方口译接待人员，等等。

Kellsy课余时间热衷于做志愿者和义工活动，在华科大颁发的义工证书上记录的义工工时就有127小时。这些经历都非常宝贵，有些似乎看不到回报，但是她仍然会坚定地选择去做，因为通过自己的爱心付出，可以给年纪小的学生提供一些帮助、建议和鼓励，也能够让自己更好地以一个大学生的身份来接触社会并且感受教育这个行业。与此同时，班长职务经常需要在老师、教务处、学工组和同学们之间起到一个沟通桥梁的作用，很大程度地锻炼了 Kellsy 与人交往的能力，也培养了她的责任心和使命感。

随着自信慢慢恢复，Kellsy 的时间越排越满，手账本上的表格也由按天计划变为了按小时甚至特别忙的时候按分钟计划，整天都有事情等着她完成，好像她真的成了全世界最忙的人。Kellsy 主动和我们交流分析了现状，也和老师、朋友们谈心，决定像清理房间那样来清理一下生活。作为学生，学业还是应该放在第一位的，而社团、学生会甚至双学位则被暂时"退居二线"，社交软件上我们也支持她下定决心从随时随地更新变为每天固定时间看看。通过有效管理时间，Kellsy 的生活开始变得井井有条，甚至还有空余的时间，于是她把钢琴和能让她放松的事情（比如写歌）穿插在了每一天，每天都有期待的时刻，每天都有了让她开心的事情。终于，Kellsy 在专业学习上更加游刃有余，也更能够有模有样地掌控自己的大学生活了。

很快，2018 学年海外院校的申请季就要来了。作为翻译专业的学生，我们支持 Kellsy 通过自己的努力向海外名校发起冲击。虽然通过不断地关注让 Kellsy 对留学这件事有了一些了解，但是真正来定目标院校和整理申请材料时还是未免有些棘手。她就主动走出去和老师们交流自己的困惑，得到了大家的真诚帮助，很多老师都很认真地帮她提建议、分析和规划，所以找到能信任并且非常了解自己的人来参谋也是准确定位的很重要的因素。最终，根据 Kellsy 的综合成绩以及雅思成绩、实习和课外实践，Kellsy 决定把申请的重点放在英国"G5"院校的教育方向，牛津大学是她梦寐以求的学校。

没想到，当 Kellsy 把基本申请材料提交后不久就收到了牛津大学的面试通知，她的心情是非常紧张的。因为之前在网上看到过所谓"牛津大学面试只招最聪明的学生"这样让人害怕的文章，而且 Kellsy 的面试时间刚好是我们东八区区时的凌晨，对于她这种不太熬夜的人来说是会产生心理压力的。在牛津大学的面试到来之前，Kellsy 参加了伦敦国王学院的面试，大概十分钟，面试老师的问题好像也比较简短，所以她怀着牛津大概也只会面试十分钟的预期开始了她的面试，结果和屏幕另一边的两位老师谈了大概四十分钟与专业紧密相关的学术问题。凌晨一点多钟，当她独自在书房里通过视频软件进行面试时，我和孩子妈紧张地站在她房间门口，屏住呼吸，不时用耳贴着房门仔细倾听屋里的动静，隐约可以听到 Kellsy 镇定自若的流畅的英语交谈声。终于孩子面试完毕，我们看到了孩子因兴奋激动而光彩夺目的漂亮脸庞，我的心情久久不能平静，情不自禁地拥抱了孩子，激动地对她说："就算没有考上你也有了非常大的收获，这是牛津大学给你上的第一课！"Kellsy 开心地表示她通过这个面试学会了冷静与自信，这是牛津第一课带给她的最大收获。

接下来我们就一直忐忑地等待最后的结果。2017 年 12 月 20 日早上，Kellsy 收到了伦敦大学学院的预录取通知书。她告诉我们和祖父母，我们都很开心，我们达成共识，这个结果已经非常好了，即使最终的梦想没有如愿，我们也很为孩子这四年来的努力付出感到骄傲。晚上，Kellsy 在自己房间正想着牛津面试结果出来的时间，突然就看到了新邮件，来自牛津的新邮件。她没有把收到新邮件的消息立即告诉在客厅的我们，她怕如果被拒了，和我们不在一个房间就看不到我们失望的表情了。大概犹豫了一分钟后，Kellsy 闭着眼睛点开了邮件。睁开眼一看，有好多字。她开始寻找"sorry"这个词，因为听说拒信都会这样写，第一个词不是，第二个词也不是，第三个词居然还不是，再定睛一看，竟然还有一个以她名字命名的附件，瞬间 Kellsy 意识到，这，就是牛津大学给她的录取通知书；这，就是自己苦读十六载一直在等待得到认可的最美好时刻！

时间过了那么久，回望来路，看 Kellsy 自己成功申请牛津大学，并有幸成为华中科技大学外国语学院第一位被牛津大学录取的应届本科毕业生，我们仍然会有很多感慨。欲戴王冠，必承其重，欲握玫瑰，必承其伤。没有随随便便的成功，成功之花是由汗水、泪水浇灌出来的，面对挫折和坎坷，需要有坚忍不拔之志，更要有勇往直前的信念。Kellsy 这四年大学过得非常充实，好好学习之余，参加了很多有意义的活动，也留下了非常美好的记忆。牛津大学的录取通知书对她大学这四年给予了最温暖的祝贺和极大的鼓励，同时它也意味着孩子在未来将会迎接更多前所未有的巨大挑战。

在 20 世纪 50 年代中期曾就读于兰州大学经济系的爷爷，一路见证了最小的孙女在求学路上不断收获的成绩，非常开心。85 岁高龄的他亲笔给即将于 9 月 25 日赴牛津读研的 Kellsy 写了一封满满四页信纸的家书，在信的末尾，爷爷写上了饱蘸关爱的四句话三十二个字，表达了对 Kellsy 的殷切希望。

谨以此四句话作为本文《爱之梦》的结束语：

申美嘉辰资质聪颖，寒窗苦读圆梦牛津。功不唐捐玉汝于成，学成归来奉献祖国。

申嘉辰（kellsy）

2008—2011 年	武汉市外国语学校美加分校初中
2011—2014 年	湖北省武昌实验中学高中
2014—2018 年	华中科技大学大学本科
2018—2019 年	牛津大学 St. Anne's 学院理学硕士

三代人的求学杂记

苏州　马耀霞

我的母亲是四零后，生于20世纪40年代的西北农村，2000年病逝。

我是七零后，生长在新疆生产建设兵团的大农场，现在苏州工作生活。

我的儿子是零零后，生在苏州，长在苏州，2018年考入牛津大学就读物理专业。

40年代我的母亲

母亲出生于20世纪40年代西北一个偏远乡村的富农家庭。那个年代的中国，百分之九十几的农村女性都是文盲，而我的母亲却有幸接受了高等教育。作为童养媳的外婆养育了三个女儿，将她们全部送入学校读书。新中国成立后，社会发生了翻天覆地的变化，外公病故，整个家庭失去了唯一的男人，失去了顶梁柱。外婆是裹小脚的女人，不能下地干农活，不能走远路，家里没有男子，大阿姨很早就挑起了一家之主的担子，读到初中毕业，就去村里小学做了民办教师。小阿姨读到初中，为了挣半个工分和一个饼，瞒着外婆混进大队社员队伍中下农田干活，小小年纪放弃了读书。

我的母亲一路从乡村小学读到县城中学，后来又走出县城独自去外地读师范学校，想来一是因为我的外公家经济上有条件，加之外公外婆思想开明也支持女孩子读书；二来母亲自己争取，作为家中的老二，自小天资聪颖，洒脱豪气，外公外婆把她当成男孩养。开始母亲在村里读小学，后来读到三年级，自己跟着家族堂哥们跑到乡里的小学读书。也许是乡小学和村子离得近，每天都能回家，外公也就任由这个假小子去了，只是每周去趟母亲读书的乡小学边上一个本家开的烧饼店里，替二小姐还上赊欠一周的烧饼钱。

母亲小时候，家里有个后院，后院有两个大果园，种着核桃、杏子、樱桃等果树，一间佛堂在果园的最深处。母亲的太爷是吃斋念佛的大善人，一个人住在佛堂边的房间里，平日在佛堂念经，顺便看护果园。家族里的孩子们都喜欢溜到后院的果园里玩耍，偷吃果子，如果看到太爷不在佛堂，孩子们就会蹑手蹑脚蹿到这间让他们觉得既神秘又有点胆怯的佛堂，去看去摸堆在佛堂里，刻在钢板上的《金刚经》。太爷喜欢清静，不吵扰他就随孩子们去了，吵扰到他时，他也会拄着拐杖，出来轰走孩子们的。唯独对母亲和母亲的一个堂哥是喜欢的，和蔼的，因为母亲小时候聪明，记性好，《金刚经》看过就能背出大段来，妈妈的堂哥也喜欢认真看那些《金刚经》，看不懂的还会问太爷爷。

那时候很多偏远农村有钱人家的女孩子，长到七八岁是要裹脚的，外婆也曾给女儿们裹过脚。大阿姨顺从地裹了一段时间，后来还是放开了，所以大阿姨后来走路多了脚会痛，裹过的脚还是有些变形。我的母亲即使被外婆强行抓住摁下来裹了脚，外婆一转身的工夫，母亲立马扯下裹脚布，找来剪刀几下就剪成碎片，外婆也无奈就随她去了。我回老家听外婆和大阿姨说起这段，好钦佩当年的母亲如此胆大不羁。

到了中学，母亲一个人去离家三十多公里外的县城读书，正赶上大炼钢铁，学生也经常要参加各种劳动。从小生活在富足家庭的母亲在那个特殊的年代养成了吃饭特别快的习惯，以至于我小时候吃饭时，母亲看着我挑肥拣瘦慢悠悠的磨蹭样子，总是说我要是生在她那个年代，早就饿死了。

后来我回老家，母亲的中学同学跟我说起当年他们读书时的趣事。在她同学的印象中，当年母亲喜欢打篮球，经常和一帮男生一起在篮球场上奔跑跳跃，完全是个假小子。母亲唱戏也唱得特别好，西北地方戏是秦腔，母亲是个戏迷，记性好，嗓子好，能一字不落唱完《王宝钏》全本、《铡美案》全集，中学放假期间经常背着外婆跟着戏班子十里八乡去唱戏，痴迷到打算读完中学就去剧团唱戏，这引来外婆的强烈反对。在旧社会，戏子是最没有社会地位、最低贱的职业，属于"下九流"之末流，外婆无论如何都不同意母亲去唱戏。母亲虽然假期周末还是偷偷地背着外婆去听戏唱戏，但不得不断了去唱戏的念头，继续读书。

中学毕业，母亲考上师范学校，孤身一人去了离家更远的城市。正赶上50年代末60年代初的困难时期，在学校第一学期入冬前，大阿姨把大姨父买给自己的棉衣棉裤包起来，还有自己省下来的一点钱，又带上外婆准备的干粮，随着乡里开会的干部去了母亲读书的城市探望她。平时性格大大咧咧的母亲随手把包裹放在宿舍的床上，姐妹俩许久不见，分外开心，在校园里边逛边聊，等母亲送走姐姐回到宿舍，发现包袱不见了。母亲急坏了，到处问，到处找，最终也没有找到，母亲懊恼万分，只好穿着单衣在北方初冬的冷风中被冻了一个月。后来另一个去城里开会的乡亲顺道来看母亲，看到面黄肌瘦、冻得瑟瑟发抖的母亲，才知道原委，就把自己随身带的一点钱和吃的留给了母亲，回去后跟外婆说二丫头在学校又冷又饿，书都不想念了，大阿姨将自己的一套棉衣棉裤拆洗加长，外婆含着泪连夜炒了炒面（用一点盐炒杂粮面粉，炒熟装好，吃的时候舀两勺，然后用开水冲成面糊状充饥），大姨父在县城工作，立即托人带了钱、衣服和吃的给母亲。

现在回望那段历史，寡母带着三个女儿的一家人，风雨飘摇中都能活着已经不易，母亲还能进师范读书简直就是天大的幸运。提起那段读书生涯，母亲偶尔会提醒我们，在外读书或工作，自己的东西要放好。没有人是天生的坏人和小偷，只是人性经不起考验，在特殊年代，特殊情况下，平时再好再善良的人为了自己活命，也有可能会拿别人东西的。我想母亲可能以后也发现自己的东西是被谁拿去了，但豁达的母亲选择了原谅，她理解那个饥荒年代求生是人的本能。有时谈到学校教育资源的分配这类话题时，母亲面有自豪之色：他们的师范学校虽然在西北的偏远之地，但也还是有清华、北大毕业的一流老师给他们上课。

毕业后母亲被分配到偏远的山村教书，独自一人在中秋之夜熬不住想家的冲动，趁着月色赶夜路回家，翻越一座灌木丛生的山时，迎面遇到一只大灰狼。狼瞪着绿幽幽的眼睛，和惊恐万状的母亲互相对视了两分钟，这只狼也许被突如其来的相遇惊到了，或许正好不饿，扭头拐进路旁的灌木丛，消失在苍茫寂静的夜色中。失魂落魄的母亲一路狂奔回家，敲门声惊醒了院子里的黑狗，外婆和大阿姨打开门，母亲腿都软了，母女三人抱在一起，平时那么胆大不羁的母亲号啕大哭，吓坏了年幼的小阿姨。

再后来母亲一个人跑到新疆，因为60年代新疆特别缺人。虽然生活条件特别艰苦，但那片荒凉辽阔的大地不论高低贵贱，不论阶级出身，接纳和包容了所有的外来者、避难者。地广人稀，没有竞争，人与人之间的关系就变得单纯、平等且亲密。自此，母亲的后半生就扎根在了新疆这片神奇的土地上，生儿育女，工作生活，直到2000年2月底病逝。

2000年2月2日儿子在苏州出生，父亲、哥哥和弟弟都瞒着我母亲病逝的真相，直到儿子满月。大哥给我打电话时才告诉我噩耗，所有的念想，所有的期待，所有想象能够三代人相聚的美好画面瞬间都破碎了，心也碎了，泪水止不住地流了一天一夜，落在儿子熟睡的脸上、棉衣上。那以后我的视力变得更加模糊。我没有机会在母亲生病时照顾她一天；没有机会跟母亲诉说自己怀孕和生育时的各种不适和疼痛；没有机会带母亲来苏州逛逛园林；没有机会接母亲来苏州住在我的新家，让她传授给我如何照顾这个刚生下的小宝宝的经验和方法。血脉相连的三代人在这世上，在2000年的2月份同在过二十六天，生养我的母亲在新疆医院的病床上，我生养的小娇儿在苏州家里的襁褓之中，这中间隔着的八千里路，阻隔了我们三代人的团聚。

　　这件事使我抱憾终生，我一直遗憾没有及时将照片寄到家让母亲看一眼她的小外孙。虽然儿子出生前的几个月我知道母亲病得很重，但总以为还会好转，总以为还有机会能带儿子回新疆去见母亲，总以为三代人还有团聚的机会。

　　1999年的初夏，母亲身体已经很虚弱，得知我怀孕后，在病床上用新疆最好的长绒棉给她的小外孙缝制了两床小棉被，一条薄一条厚，做了两套棉衣棉裤，很轻薄绵软。还给我写了一封信，嘱咐我婚后在婆家要敬老爱幼，照顾好自己的身体，生完孩子后要继续工作，既要照顾好家庭和孩子，又要有让自己安身立命的工作和事业。现在都还记得母亲信中说养育孩子虽然辛苦，但孩子给父母带来的欢乐和喜悦更多，她很享受抚育我们三兄妹成长的过程。我在养育儿子的十多年间也深深体会到母亲的信中传达的幸福与喜悦。如今这两床小被子还在家中，夏天我会拿出来晒晒，用来盖腿。

　　许是母亲经历过孩童时期的家境富庶无忧，到少年时期饥寒交迫，再到青年时期被鄙视被边缘，最后在新疆这片广袤无边又充满生机的边陲之地找到自己的落脚点，母亲虽历经贫富无常，看尽世态炎凉，但从没有在我们面前抱怨过社会不公，也从未抱怨过人情冷暖，反而生发出一种对金钱物质超然的心态。有时我们一家人看到电视剧中的情节时，母亲会有感而发："钱太多也是催命鬼。"也会表达出她从不羡慕人家有权有势，只希望我们几个孩子以后能好好读书，过得开心。母亲在农场过着平凡而祥和的生活。还记得我小时候母亲被评为三八红旗手，三八妇女节要去团部领奖发言，因为母亲的字写得不好看，每次都是让我帮她誊写发言稿。

　　母亲闲来喜欢养花看书。养花是照书用科学方法养的，至今我还记得家里有些《如何养菊花》之类的小册子。房前的菜园子里种着美人蕉、夹竹桃，这些在北方需要精心呵护的花，在江南的河边，在街道的绿化带上到处都是。小时候家里窗台上季季有绿叶鲜花，大叶海棠、倒挂金钟、太阳花、菊花、文竹之类的。记得中考那年，母亲每天帮我打扫房间，都会将那盆大叶海棠搬去屋外打理一番再放回我的房间。那盆叶片油绿，挂着水珠，开满红色小花的大叶海棠每晚伴我读书复习。后来我在苏州的街边花园到处都能看到这种花，虽然没有当年母亲放在我房间的那盆漂亮，但依然觉得分外亲切。多年后，母亲在家里养过的那些花都定格在我的心里，盛夏的太阳花，红的，黄的，粉的，喜气洋洋朝着太阳开放着，一朵朵似婴儿天真无邪的笑脸；深秋的菊花，黄的，紫的，白的，从含苞欲放到花瓣次第开放，再到整朵花恣意舒展着，每天都有新变化；还有那盆永不褪色的大叶海棠。后来到了南方，见到更多更美的鲜花，每次都想，如果母亲还在世一定特别喜欢，一定会养在家里。父亲年轻时并不太关心这些花花草草，但后来母亲去世后，父亲变得喜欢养花了，有时来苏州住几个月，他会四处搜罗花草，花盆摆满我家的整个阳台。

母亲爱看书，不但自己看，也给我们兄妹小时候订阅了很多报纸杂志，《故事会》《连环画报》《大众电影》《人民文学》，家里有四大名著、各种武侠小说等。我和哥哥、弟弟一样喜欢看《西游记》《水浒传》《岳飞传》《杨家将》《呼家将》《七剑下天山》等小说，但我最喜欢看的还是他们两兄弟都不喜欢的《红楼梦》。小时候买书要去团部唯一的一家新华书店，还记得有次连队里有个爱看书的人告诉母亲书店里新进了一套《西游记》，母亲立即骑着自行车跑了六公里把书买回家。有个朋友的哥哥是文学爱好者，家里有两大书柜藏书，我和母亲也是她家的常客，经常去她家借书看。

哥哥、弟弟和我兄妹三个，性格迥异，哥哥是家里最聪明，颜值也最高的一个，小时候学习不努力，但长大懂事后成绩就很好，父母对他的期望应该是最高的，有期望就给了哥哥压力，怕他贪玩，怕他早恋，怕他骄傲，管得最严，要求也最高。也因为有这个帅哥哥，我在学校会得到他同学的特别照顾，也从来没有受过欺负和委屈。以后我一人离家在外的这么多年中，有什么难处，从不敢跟父母亲说，怕他们担心，只报喜不报忧，但我会跟哥哥说，委屈和难过的时候会给哥哥打电话，哥哥是父母之外我最坚实的依靠。

我是家中老二，唯一的女孩子，既不聪明又不好看，从小还体弱多病，打针吃药就是我的日常和童年噩梦。上幼儿园时，每次生病，母亲带我去连队医务室打针，每次都要上演挣脱逃跑，然后又被抓回来摁住打针的闹剧，打完针后又哭一场，母亲就带我去连部小商店里买一小块巧克力哄我，至今还记得那时候的巧克力是棕色的一大板，可以分割成一小块卖的。五分钱一小块。后来上小学后直到大学，每年冬天，差不多我都有大半个月卧病在家，不能正常上学，每天除了打针吃药，就是躺在家里看小说。读高中时我和哥哥都在团部住校，只要我一生病，父亲就会把我接回家，还要怪哥哥没有把我照顾好。因为我生病，哥哥不知挨了父母多少骂，受了多少委屈。以至于后来我和哥哥、弟弟一起出门，他俩都会习惯性地看我有没有戴好围巾穿好大衣。父亲和母亲都给了我这个唯一的女儿最多关爱，最多迁就。那么多个暑假寒假我都在看闲书，父母从没有催我去做作业，也没有让我做家务，任我漫游在书的世界，想想那是多么幸福的时光，不管是中外经典名著，还是野史杂记随我看，不设限。

弟弟小时候长得虎头虎脑，最可爱也最顽皮，不爱读书学习。还记得他小学三年级历史不及格，要补考，暑假时母亲拿根小棍子盯着弟弟背历史的情景。还有一次弟弟数学考试考了零分，还说考一次零分有什么要紧，考十个八个零分才算数。弟弟长大后，母亲还偶尔跟弟弟翻翻旧账说起这件趣事，惹得全家人哈哈大笑。虽然弟弟没有出来读书，留在了农场，在父母生病之时，都是弟弟弟妹陪在老人身边，照料伺候，尽心尽力，而父母最宠爱的我，别说平日的照顾，就连他们在弥留之际我都未能及时赶回家见他们最后一面，这是怎样的造化弄人。

现在回想起来，母亲用了完全不同的方式养育我们三兄妹。对待个性张扬、聪明有余勤奋不足的哥哥，母亲手里捏着风筝线，偶尔放飞，时时拉紧；对待我这个娇蛮任性、体弱多病的女儿，母亲手里时刻带着厚实的大围巾和甜蜜的巧克力，怕我冷，怕我生病，怕我不开心；对待简单憨厚、知足常乐的弟弟，母亲手里拿着小棍子，时不时敲打一下，偶尔戏谑一番。母亲以她的豁达和智慧养育了三个个性完全不同的孩子。

70年代的我

也许是母亲的通透淡泊，加之父亲对我这个唯一女儿的溺爱，宠出了我的任性和自我，不求上进还自认为有着"采菊东篱下，悠然见南山"的淡泊和宁静。该努力读书的年龄整天沉溺于小说，高一看了三遍《红楼梦》，诗词曲赋抄录了两大笔记本，在家里，十指不沾阳春水，某一天，我幡然醒悟，觉得自己一无所长也一无是处，怀着对书中描摹的雨打芭蕉、烟雨迷蒙的江南水乡的渴望，怀着对自己不甘心始终生活在父母的羽翼之下的挣扎，无知无畏地离开了父母离开了家，我要去一个没有任何人认识我，没有任何人可以依靠，没有任何人可以照顾到我的地方。就这样，在一个漆黑的夜晚，我孤身一人离开了新疆，到了无亲无友的苏州，开始了我的苏州求学生涯。

20世纪90年代初的苏州，并不比新疆发达多少，对于我这个新疆人，最难以适应的是苏州的气候。学校宿舍里没有空调，夏天酷热难耐，秋天蚊子骚扰，冬天阴冷潮湿到北面的房间竟然能结冰。母亲虽给我寄来了新疆最暖的棉被褥子，也还是难抵江南冬夜的寒气。新疆的冬天虽户外寒冷，但室内都是温暖舒适的，有火炉或有暖气。新疆的夏天室外虽骄阳似火，但室内睡觉还是需要盖薄毯。苏州的饮食也不习惯，新疆有爽口的黄瓜，酸甜而熟到裂口的番茄，有甜蜜的哈密瓜，无籽的葡萄，而苏州的番茄，皮肉层僵而硬，一层绿一层黄一层红，一看就是打了药催熟的，完全没有自然成熟的酸甜口感，西瓜简直难吃到让我在初到苏州的前三年根本没有吃瓜的想法，而在新疆，西瓜是我夏秋两季可以当饭吃的每日必备品。还有初来苏州时那满是漂白粉味的自来水，也让我难以喝下。有时会想，干吗要跑到苏州找罪受。

在苏州读书的那几年，除了气候和饮食上的不适应外，回想起来大多也还是美好的记忆。感谢几位好朋友与我共度几年大学时光，让我在这样完全没有父母呵护、兄弟照应的环境下得到了同学朋友的温暖和友情。周末和宿舍的姐妹们一起逛运河公园，为了逃10块钱的门票钱翻越栅栏，为了近距离听寒山寺跨年零点的钟声，晚上和同学溜出校门一起挤在人海中聆听千年古寺传来震撼而悠扬的钟声，回到学校，大门已锁，只能翻爬大铁门。依然记得我们在宿舍里传阅的小说，《未穿的红嫁衣》《穆斯林的葬礼》，还有我从学校图书馆借来的一整套《莎士比亚全集》，印象最深的是，不眠不休也要一气读完的《平凡的世界》。还记得和睡在我下铺的好朋友周末在新华书店，一站就是大半天。那时我最喜欢看散文，周国平的散文带着洞悉人性的哲学味，沈从文的散文带着质朴的湘西风情味，林语堂的散文带着西方浪漫的理性和东方入世的智慧。大学时光大部分都在读闲书中悠然度过，我到底学了什么知识，模拟电路、数字电路还是C语言，能记得的似乎很少。

雨果说："生命中至高的快乐，就是我们有了被爱的把握。"每次假期回家，母亲听我说起苏州冬天寒彻入骨的冷，夏天毫无昼夜温差的热，瓜果的无味难吃，都极心疼她这个从小捧在手心里的女儿。寒假时早早买好库尔勒的香梨和伊犁的苹果，每天父亲都会削好水果放在火炉旁热着，嘱咐我不要吃冷的；夜晚我咳嗽时，父亲将始终热在炉子上的冰糖炖梨端给我吃，母亲会趁着我晚上睡着偷偷给我洗衣服，早上我怪她时，就说自己洗衣服时顺便帮我洗的。暑假时，家门前的菜园子里种了我最爱吃的无核白葡萄，等我睡到自然醒，睁眼看到房中窗台上的大叶海棠，依然如我当年中考时叶片油绿闪着水光，花儿娇艳恣意地开放，此时母亲已摘回一大串鹅黄嫩绿、晶莹剔透的葡萄洗好放在餐桌上等我。每次暑假，母亲都要带我去买新裙子，她总说，人就要趁着年轻穿自己喜欢的衣服，吃喜欢的美食。正是因为父亲母亲从小没有让我觉得在物质上有什么匮乏，所以日后我除了喜欢买书之外，对其他东西的需求都是少而简。

一直都觉得自己没有遗传母亲读书的天资聪颖，也没有遗传父亲生活中的心灵手巧，读书的愚钝让我对自己充满怀疑和无奈，对未来的迷茫也让我找不到方向。唯有父母的信任和宠爱让我得到一丝慰藉。

被宠爱的有恃无恐，这种无恐是对宠的安心依赖，是对爱的确信无疑，是那种即使被全世界抛弃，被所有人嫌弃，也坚信始终有人爱自己。感谢父母的宠爱让我骨子里永远都有自己值得被爱的自信和骄傲，再多挫折也不会被打败的勇气，虽只有学渣的资质但也从未自弃自我成长。

毕业后刚开始在苏州国企工作。那时正是 90 年代中期苏州飞速发展的开始，国企改制，大量外企进入，身边的同事慢慢都跳到了外企。1999 年婚后我怀了孩子，沿袭母亲连养花都要买书看的理念，孕期，我买了两本孕期大全的书，一本中国人写的，一本西方人写的，我已经完全记不得书名，但我的确是按照对应的孕期认真地读完了，还参加了苏州妇保医院的孕妇课程，现在已记不得学过什么，唯一记得的是医生说孕期和哺乳期不要吃辣。我这个从小就能吃辣的北方人从此完全戒了吃辣，孕期哺乳期的两年没有吃辣，后来想吃辣时已经完全丧失了吃辣的能力。

孩子出生后，我又买了好几本当时畅销的育儿书，《哈佛女孩刘亦婷》《卡尔·威特的教育》《如何养育男孩》《如何成为孩子的心灵导师》等一堆育儿书，每本书都有它的价值，都能读到作者独特的视角。我对每位作者都心怀敬意，是他们的引领，让我们这些初为人母者有所借鉴，有所思考，思考如何做更好的父母。不管刘亦婷和卡尔·威特他们进入社会以后成为了什么样的人，过着也许辉煌也许平凡的生活，那都是他们的人生。刘亦婷的母亲和卡尔·威特的父亲在书中分享的教育方法和理念，我读后都有所收获，也始终感激他们的分享，尤其是卡尔·威特的教育理念我特别认可，儿子读大学后，我偶尔翻出十八年前自己读完《卡尔·威特的教育》这本书后的一段读书心得，分享给大家。

孩子是父母的翻版

优秀的孩子背后必定有一位优秀的母亲，他们有着类似的，健康、快乐、自尊、上进尤其是开朗的性格。为人母者，必先管好自己的情绪，不该在孩子的头脑中留下担心、愤怒、不满等不良印象，因为这些都对孩子的精神有刺激，甚至是忧愁的表情都会导致孩子身心怯弱，阻碍孩子健康发育。你希望孩子将来具备什么样的品行和性格，你首先要具备这样的品行和性格。

有了孩子后，我的心态和性情悄然发生了很大变化。儿子一岁时，哥哥来苏州看望我们，全家人一起在观前街一家苏式饭店里吃饭。在儿子的闹腾中好不容易吃好饭，哥哥感慨地说我的性格已经被儿子彻底改变了，以前哪有这样的耐心。我知道自己以前在家对他们兄弟俩任性又娇蛮。女人是真的会为自己爱的人彻底改变。

苏州工业园区优厚的公积金政策吸引了众多有追求有梦想的年轻人，2001年，在儿子一岁多时，我也进入了苏州工业园区的外企工作。我很适应外企积极进取、充满活力的工作氛围和简单纯粹的人际关系，健全的培训系统和人才发展体系让年轻人更快迈入职业化行列，职业发展的台阶对谁都是公平的，只要努力就有回报。作为母亲，我更有责任为儿子创造美好的生活和教育环境。

近二十年的外企生涯，在园区瑞士企业里学英语、学机械制图，在世界五百强的美资企业学精益六西格玛，在处于重大变革的公司里学变革管理和组织行为学。作为众多苏州外来者中的一员，我享受到了苏州这二十多年高速发展给万千家庭和个体带来的红利。这是一个机会公平的社会和时代，只要你热爱工作，积极进取，保持学习的激情，大概率都能过上小康生活。

在此期间，我已慢慢适应了苏州的气候与环境，原来我欣赏新疆一碧如洗的天空，辽阔无垠的大地，现在也爱苏州园林的精巧雅致，小巷人家的秀美清新。小时候在新疆坐在家门前看着太阳从东方的地平线冉冉升起，霞光万丈，觉得一直向东走，就能走到天地之交的地平线；而今也喜欢看夕阳西下时太湖波光潋滟，渔舟唱晚。新疆的春天，有沁人心脾的沙枣花香，无边无际绿油油的苜蓿草地；苏州的春天，烟雨迷蒙，李公堤畔翠柳拂岸，金鸡湖边繁花似锦；穹窿山寺桃李芳菲，琼花妖娆；新疆的秋天有一眼望不到边的棉田瓜地，瑰丽晚霞下的锦绣大地美如画卷。苏州的秋天，东山西山漫山遍野橘树成林，火红的石榴缀满林间。新疆的冬天千里冰封，万里雪飘，宛若仙境；苏州的冬天依然有鲜花盛放，依然有暖阳如春的午后，苏州这样一个月月有花、季季有果的地方谁能不爱？

岁月流逝中，我愈加了解了苏州这座古城的文化和历史，这座城里更有自己的家，有自己血脉相连的家人和互相扶助的朋友。春天我们夫妻带儿子去苏州乐园喂鸽子坐碰碰车；夏天带儿子去拙政园赏荷喂鱼，秋天带儿子去看道前街的银杏树，天平山的枫叶；冬天我们陪儿子暖阳下读书，雪后堆雪人。节假日带儿子和爷爷奶奶团圆欢聚，寒暑假和儿子的姑姑、伯伯几家一同游山玩水，我们与夫家父母、兄弟姐妹和睦相处，婚后的二十年，不论谁家遇到困难，兄弟姐妹间都是互相帮助，共渡难关。这样相亲相爱、其乐融融的大家庭真好，我已完全融入其中。

苏州也是一座包容开放的城市，接纳着如我这般的外来者。原来习惯了新疆人的豪爽直率和单纯快乐，现在也欣赏苏州人的善解人意和温良和善。工作过的每家公司都有帮助过自己成长的师长和投缘的同事，至今还会时常相聚交流育儿心得，探讨工作中的难题，互相支持，互相温暖。努力工作，持续学习换来岁月静好，生活安康。时代发展的车轮滚滚向前，每个人、每个家庭的命运也随之向前。每当我漫步金鸡湖畔、月光码头，体验古典与现代建筑的交融与和谐的同时，也能感受到这座千年古城焕发出的青春活力和魅力，不禁感叹，苏州当之无愧"上有天堂，下有苏杭"的美誉。

零零后的儿子

2018年1月10日，这一天，对于考上牛津和剑桥的学子家庭都必然是个特别难忘的日子，这一天是牛剑放榜的日子，公布预录取名单。10日下午开始我就有些心神不宁，各种念头轮番上阵，还记得2017年9月儿子申请了牛津，德威升学指导老师请我去学校做一对一的沟通，跟我说："牛津剑桥都是天才孩子上的学校，虽然你儿子报考了，也不一定能录取，保持一颗平常心。"

万一运气好录上了呢，也说不定。我对自己说。

算了，别做梦了，牛津那是世界顶级名校，身边好像也没有什么认识的孩子考上牛津的，我们这样普通人家的孩子怎么可能考上呢，杜伦也不错，爱丁堡也很好，还有伦敦大学学院，反正有三个offer在手了，随便读哪个大学都不错，牛津就不奢望了。

到了晚上七点二十，儿子发来了微信，牛津预录取了他，给了他物理专业的预录取offer，我一下跳到坐在沙发上看电视的孩他爸身上，搂着他的脖子说："儿子考上牛津了，是真的。"我们都不敢相信这是真的，他再看微信，确认这不是梦。爷爷奶奶、姑姑姑父、伯伯婶婶、舅舅舅母都送来了祝福。

回望儿子的读书生涯，虽然我们夫妻一直没有吝啬过教育上的投资，交赞助费让他进周边最好的幼儿园，买学区房让他读苏州园区最好的小学和初中，高中又读了自己选中的苏州德威国际学校。但因为他从小学到初一上学期的成绩一直都是年级中下游之列，所以对他的学业并无过多奢望。就像他小学有位班主任曾说过，他既不是班里最优秀的，又不是班里最差的，是最容易被忽视、最没有存在感的一类学生。我们作为父母，只求尽心尽力不留遗憾。我自己读书也不好，我的父母没有逼我，也没有给我压力，我也就没有对儿子读书成绩的焦虑和执念，只是用心呵护好他的自信和自尊，不管以后做什么，都希望他能开心快乐。

幼儿园时，有次三八妇女节，老师邀请妈妈们去学校参与活动，那天我公司有重要事情去不了，就让孩子他爸代我去了。孩子他爸在幼儿园大展身手，给小朋友们折了很多的小动物，袋鼠、长颈鹿、青蛙，儿子特别开心，回家也跟着爸爸学折纸玩。后来幼儿园老师给我打电话说，特别感谢孩子的爸爸作为唯一的男士去参加了幼儿园三八妇女节的活动。

小学四年级有次周末的手工作业是用细铅丝做一辆自行车。周六下午，五六个小男生挤在儿子的房间里看电视、打游戏，儿子埋头两小时，帮同学完成了六辆精致的铅丝手工自行车。后来儿子说那次手工作业，班里有一半同学的作业都是他折的。

因为我一直在外企工作，周末和平时加班是常事，他们父子俩一起看电视玩游戏的时间就特别多。父子俩都喜欢看中央台一套的《动物世界》，九套纪录频道的《寰宇视野》《全景自然》，还有十套科教频道的《探索与发现》这些与自然、科普有关的节目。是这类科普节目给儿子打开了一扇了解浩瀚宇宙与自然科学的大门，也激发了他对自然界各种现象的好奇心。我也给孩子买了很多有趣的图文并茂的科普读物，小时候我陪他一起读。

小学三年级，有次儿子放学回家，很不开心，我问他怎么了。原来是学校要举行拔河比赛，班级里要选拔十多个男生参加。

儿子说："我举手了，可是老师没有叫我参加。"

"可能老师没有看到你举手吧？"我说。

"才不是呢，我的手举得最高，老师就是没有叫我。"儿子委屈地要哭了。

"那可能是你请过病假，老师觉得你身体不好，怕拔河对你太吃力了吧？"

"我的力气很大的，我们班男生都知道的。我就是想参加拔河，老师为什么不让我参加啊？"儿子说着说着，眼泪已经流了下来。

"那你看，是我给老师打个电话呢，还是你自己想办法啊，只要争取还是有转机的。"

"我还是自己想办法吧，你别给老师打电话了。"儿子擦干眼泪开始做作业，我相信他自己想好了办法。

第二天我送好儿子刚进公司，儿子的班主任打来电话，说班长和十几个男生一大早都一起到她办公室，替儿子求情，说Johnny力气很大的，求老师同意他参加拔河比赛，所以打电话问问我儿子的身体状况是否有问题。我连忙说没有问题。当时我还在想，这小子是怎么做到的，鼓动这么多同学替他求情，也许这就是小男孩与女孩子的不同之处吧，特别在意自己的力量得到认可。

初一刚开学一个多月，学校组织了一次摸底考试，儿子在14个班700名学生中名列375名，中等偏下的成绩，英语和语文成绩都低于平均水平。一个周末，我和儿子一边散步一边聊天，感觉到他对英语的无奈和茫然无措，我想让他去课外辅导班补课又怕他拒绝，就说："要不我们找个离学校近的辅导班试试看吧，你感觉一下，如果不喜欢可以不去。"儿子答应了，试了一周，他觉得挺好，就读了下去，差不多两个月的时间，他的英语有了明显提升，到了初一第二学期，英语老师让他做了英语课代表，他有了更多自信。

仍记得儿子初一第一学期，一个冬日有着暖阳的周日午后，我们一起坐在阳台上，他边吃巧克力边看沈石溪的小说，我边喝着桂圆红枣茶边回工作邮件。他冷不丁地说:"妈妈,如果我以后考不上普高,就去上技校。"

"可以啊,只要有一门手艺养活自己和家人都挺好。那你想学什么专业呢?"我问他。

"我想学烘焙,我喜欢烤面包做西点。"

"不错啊,以后你开个西点屋,我退休了帮你去收银。"

我似乎当时真的憧憬了一下退休后的闲适生活,似乎在飘着麦香和咖啡香味的西点屋里悠然忙碌着,屋内沙发上有猫,门口椅子下有狗,这是儿子小时候经常向我描述的他向往的生活。儿子一直想养猫养狗,但我实在没有时间和精力照顾这些宠物,就一直没有答应他,有时我和儿子一起走过小区的那排店铺,他看到人家店门口的狗时,都会停下来羡慕地玩一会,然后说,"妈妈,以后我工作了,白天去上班,你就开个小店帮我看着猫和狗,等我下班了,我就和它们玩。"难道这不也是我梦寐以求的退休生活吗?

似乎没有想起这是儿子因为自己读书不好给自己找的退路,我是真的为儿子的这一想法大加赞赏,鼓励他、支持他。当天下午儿子就从淘宝上买来一整套烘焙的炊具,烤箱、高精粉、打蛋器、做饼干蛋糕的模具、黄油、杏仁等。我似乎想到了什么,跟他说,"开西点店也是需要不断学习的。你看咱家小区里那些开了又关、关了又开,几易其主的西饼屋,并不是谁都能赚钱的。源于西方的烘焙涉及包括营养学在内的多种知识,也需要走出国门,在与西方文化的交流中,才能真正掌握烘焙的技术与奥妙,才能保持自己的西点屋有特色。要想长盛不衰,一定要去看看国外那些咖啡西点的百年老店,他们是怎么做到的。"

初一阶段有一两个月,儿子每个周末都会很起劲地做圣诞姜饼屋、做饼干条,用包装袋装好带到学校给老师和同学尝。周末我们一起追美剧,看《生活大爆炸》《绿箭侠》《哥谭镇》,还有《肖申克的救赎》《阿甘正传》《放牛班的春天》《音乐之声》,他的英文有了突飞猛进的进步,初一结束,已经从年级700人中的第375名追到175名，对烘焙这件事似乎是逐渐淡忘了。自从看了《生活大爆炸》，他似乎特别喜欢这些高智商高学历但情商不高的科学家们，有时跟我说他们的生活真酷，在家里会经常模仿谢尔顿说话的腔调和走路的姿势，逗得一家人欢笑不已。

到了初二，因为有了物理，儿子的理科优势逐步显现，年级成绩稳定在100名至150名之间，虽与优秀相差甚远，但跟他自己比，前进了200名，已经是巨大的进步了。可是语文仍然是儿子的心头大患，有次开家长会，班主任说完，让家长去各科老师处再了解一下孩子的情况。我先走进围着语文老师的小圈子自我介绍说："我是Johnny的妈妈。"语文老师说："Johnny的语文成绩不太好，还要好好努力。"我说："好的，我会帮他好好看看的。"然后我又走进围着物理老师的小圈子自我介绍说："我是Johnny的妈妈。"物理老师说："Johnny的物理很棒，这次考了100分，全年级第一。"

一次家长会，三分钟之内，我感觉自己经历了冰火两重天。家长会后已经是晚上七点了，回家路上我边走边想，如何跟儿子沟通，让他不要丧失对语文的信心，只要不放弃就有希望。到了门口，儿子已经打开门迎接我了，以前他很少有这样殷勤的举动。儿子的眼中有兴奋和期待，也有不安和紧张，用少有的复杂眼神看着我问道："妈妈，老师说什么了？"我说："你们物理老师夸你很棒，这次考了100分，全年级第一，语文老师说你最近进步很大，继续努力会有更大的进步。"儿子的眼中立刻放出了光，没了不安和紧张，开心地和我们一起吃饭，我又鼓励他要多一些课外阅读对语文会有很大帮助，儿子愉快地答应了。

至今儿子回想起初中语文的阅读理解，仍然觉得很难，他理解不了，有次语文的阅读理解还考过零分。而数理化，他只要听课，不用看书做题，就能轻松考出好成绩，这也是他后来要选择德威国际高中的主要原因，因为国际学校可以选择自己擅长的功课，避开自己的短板。虽然儿子放弃了在高中学语文课，但他没有厌恶语文，也没有放弃阅读，在高中时期自己选择读了很多经典的哲学、文学类书籍，有次我看到他书架上竟然新添了《随园小记》这么文艺的书，甚是欣慰。

儿子读大学后的圣诞假期回家和我一起逛书店，他看到重点新书的摊位上摆着两本周国平的《人与永恒》《守望的距离》，说他读过周国平的哲学书，我颇感意外和惊喜。因为上大学时我也特别喜欢周国平的书，毕业时还把自己最喜欢的《人与永恒》这本书，送给了睡在我下铺的好朋友。周国平大学和研究生读的都是哲学专业，所以他的散文随笔中透着生命智慧的哲学味。我们母子喜欢过同一个作家，不同的是，我喜欢的是带着哲学味的文艺作品，儿子喜欢的是带着文艺味的哲学作品。很高兴儿子也沿袭了爱看书的家庭传统。

也许是因为一直做质量和持续改进工作的原因，我会阶段性调查客户满意度，看看自己有什么需要改进的地方。在儿子上小学时，我调查儿子对我这个妈妈的满意度，他很满意地说，你比我们班里的女生温柔多了，从不打我骂我。他跟我说起过在学校有一次无意中绊倒了一个从他眼前跑过的女生，结果这个女生起来照他的脸就是一记大耳光，瞬间几个手指印。回家我看着他发红的小脸好心痛，可还是安慰他说，你虽然是无意的，但人家可能以为你是故意的，再说你是男生，只能让着女生。

后来儿子上高中时，我还记得一次调查满意度时，儿子很认真地跟我谈了很多。他说，我们对他的养育过程没有过多的管束和期待，让他自由自在地成长，就像一个园丁养护花园里的植物，该施肥时施肥，该浇水时浇水，没有拔苗助长，没有修枝剪叶，没有过度呵护，让他自由承受大自然的阳光雨露，正是这种不受束缚、身心舒展的环境，才让他成为一个有独立思想、有独立判断力的人。他喜欢和享受这样的家庭环境和氛围。儿子感受到的爱和氛围，也是我从小在父母身边感受到的，爱的模式竟然是代代相传的。

中国的零零后生活在一个物质极度丰富、科技高速发展的时代。他们这代人，没有经历过贫穷，也就没有对金钱的贪欲，没有经历过社会动荡，就没有对权势的渴望。当孩子们生来就过着富足的小康生活，就不再去追求物质了，这样的社会环境下才有百花齐放百家争鸣，孩子们才能心无旁骛选择自己所爱的专业，才能过自己想过的生活。

当儿子跟我说起在德威，有次黄昏时分与同学在宿舍的走廊里，廊外微雨蒙蒙，几个小伙伴边听音乐边聊天时感受到的幸福祥和，我替他感到高兴。我也曾住过校，也曾如此渴望友情，珍惜朋友。还有他偶尔与我说起遇到知音时的难得与兴奋时，我珍惜儿子跟我分享他的幸福与快乐，感动于儿子对我的信任。

高中毕业后，有次儿子的一位庄同学的妈妈在微信里说她要谢谢Johnny。原来她女儿在高三时特别紧张学习成绩，会不停刷题，可是觉得怎么刷都刷不完。有一天，她女儿说她不想再刷题了，说是她同学跟她说只要上课认真听讲，下课把没听懂的搞懂就可以了，后来她就真的不刷题了，至少不会为了一堆刷不完的题而影响心情。庄妈妈说她女儿的这个同学就是我儿子，夸他是个真诚热心的孩子，乐于看到别人和自己一起变好。如母亲所言，儿子带给我的快乐与自豪是最高级别的。

当儿子高中时跟我说起人类未来面临的困境，唯有科研唯有物理才能拯救时，我提醒他做科研也可能会辛苦几十年而没有任何成果，还要忍受无尽的孤寂和清贫。儿子说他当然知道有很多可以让自己生活很轻松、赚钱又多的路，但已经有那么多人去走了，他宁愿选择走那条少有人走的科研之路，哪怕做不出成就，能在科研的这条路上为他人做一块垫脚石也值得。十八岁的少年，无所畏惧，我不知道应当为儿子单纯无畏的科研精神而敬爱他，抑或是为了使他免于将来的清贫或旁人的不屑而劝阻他、保护他，但我还是为儿子在这俗世间保持着这份纯净和锐气而自豪。

2017年12月中旬儿子一个人去牛津面试，还不满十八岁，在伦敦遇到大暴雪，面试前夕被阻滞在伦敦去牛津的途中五六个小时。爷爷奶奶、姑姑们彻夜不眠，守着手机，等他发微信报平安。我终于熬不住，半夜一点手机跌落在地睡了过去，我总相信儿子能应对这些困难的。儿子回来跟我们说起面试时教授问他的一个问题："你是不是特别想来牛津读书？"儿子回答："也不是，只是牛津正好有我喜欢的物理专业而已。"人不轻狂枉少年。

2018年9月28日，儿子一个人背上行囊踏上去英国牛津的旅程，他不让我们送，要一个人走。我能理解他骨子里的骄傲和自信，一如我的母亲当年独自离开家乡远走新疆，也一如我当年孤身一人无知无畏地离开新疆来到举目无亲的苏州。

2018年9月29日，儿子到牛津的第一天，发来微信，拍给我们看他的学院宿舍小楼，单人间宿舍，床单被套，桌椅台灯齐全，有暖气，有阿姨每天打扫卫生，住宿生活条件很好。牛津的学业无疑是艰难的。在高中阶段儿子的学业是轻松的，学有所余的空闲，他竞选过学生会主席，组织活动，周末和同学出去喝啤酒、逛街、看电影、玩游戏，而成绩仍在前列；到了牛津，开学两个月后跟我说，虽有思想准备，知道牛津汇集了最聪明的学生，但还是被学霸们的智商碾压得自信全无，开始怀疑自己的智商。牛津有很多学生就是天赋异禀，生来就是天才，无论你如何努力还是相距甚远。

儿子偶尔也会发来他在牛津读书生活的一些照片，有和同学去三一学院吃Formal Dinner的合照，有周末去牛津镇上吃的凉皮，还有中国传统节日时和中国同学一起吃的火锅。大部分的时间他都在图书馆或教室上课学习，每周五这一整天在地下实验室做实验，这一天因为没有Wi-Fi信号，联系不到。有时候周末儿子能睡到下午三点，我知道他晚上作业可能做到半夜三点。因为想要成绩好一点，期末不挂科，资质在牛津又很普通的他，唯有努力学习，听不懂地方还要找MIT的课件去学。

儿子不是富二代，不是官二代，只是普通人家的孩子，作为父母，只是有一点教育情怀的中国普通家长，只想给孩子一个看更大世界的机会。名校的留学生并没有别人眼里的风光，要接受异国文化的冲击，要应对高难度的课程，赶一个个赶不完的due，而他们还只是孤独前行的十八九岁的孩子，放假在家还是喜欢打游戏，喜欢玩乐高，喜欢看动漫。还是爷爷奶奶、爸爸妈妈眼中的需要呵护和宠爱的孩子。

现在儿子已经读大二了，成绩虽不理想但都过关，儿子说他已经接受了自己不过是芸芸众生，虽然对自己的智商是否还够为人类的未来做贡献有所怀疑，但至少目前仍不改初心。我知道儿子一次次被功课打击，又一次次去重建信心，这个经历很痛苦，很难，但这就是人生的必经之路。不管儿子将来成为烘焙师还是科学家，我都一如既往地爱他，为他骄傲。去牛津读书只是漫长人生路上一个新的起点，以后的人生旅途有风亦有雨，为儿子和全天下所有的孩子们祝福，祝福孩子们过上幸福快乐的生活，而且这个幸福快乐是由孩子们自己定义出来的。

"孩子是上天赐予父母的天使。"孩子由父母养育长大，而父母的生命在养育孩子的过程中变得丰盈而深厚。我的母亲用她的方式传递给我，无论遭遇什么不公与困难都不抱怨社会不抱怨他人，依然努力工作，依然热爱生活，依然尽力教养好子女的人生态度；我传承了母亲的这一理念，也有机会读到更多书，工作中也接触到更多优秀女性，她们不但自己事业有成，更是家中的贤妻良母，家庭和睦，子女优秀，工作中成就了自我的发展，家庭中成全了孩子和家人的成长。

回想这十八年，工作与家庭我也有时间和精力不能兼顾之时，每次面临选择时，并无太多纠结。儿子幼小时，先生在外工作赚钱养家，我全职在家照顾孩子；在我的工作需要全力以赴时，先生又退居二线照顾家庭和儿子，让我有更多精力和时间花在工作上。在儿子即将读小学时，为了每天可以接送儿子上学，我换到离家更近，但职位相对比以前低的公司工作。儿子即将中考时，我选择从世界五百强的公司跳槽到一家不需要去国外出差的公司，也放弃了去国外培训的机会。

工作与学习，家庭与孩子，身体与健康，每一样都很重要，不同的阶段顺势而为，依从自己的内心和当下的情况做选择。有些事是错过以后无法弥补的，必须做在当时，比如孩子幼儿时期的陪伴，尤其是最近有机会读到几本儿童教育方面的书后，真的很庆幸自己离职两年在家带孩子，虽然经历了经济上的拮据，但换来了两年与儿子亲密无间的陪伴。

外企的工作，从来没有稳定这一说，更别说安全感。不进则退，如果你对自己有要求，就要马不停蹄向前冲，才能一直处于上升通道。外企的工作从来不是你会什么就有机会做什么，而是需要你做什么你就能快速学会做什么，你想做什么就要努力去争取，没有快速学习和自我迭代的能力很容易就会被淘汰。多年一直承受着职场压力，累的时候那就以退为进，重新调整好心态和状态再出发，只要保持终身学习的习惯，就走在了进步的道路上。作为母亲，一切以养育儿子为中心的十八年阶段性任务在2018年9月已经完成，儿子这十八年的成长为我的人生带来了无数惊喜和更大动力。

儿子去牛津读书后，我已转而进入到人生的下一阶段，除了全力以赴投入到自己的工作中，我也希望在儿子的眼中，自己不只是个能洗手做汤羹的保姆型妈妈，也是个有自己追求和事业的职业女性。现在我也有更多的时间读书思考，我希望儿子跟我聊到物理学家费曼时，我也能说出费曼当年在美国陆军研制原子弹的曼哈顿计划工作期间，偷开同事保险柜的逸闻趣事，谈到霍金的《时间简史》时，我也知道书中讲的黑洞是怎么形成的。我希望与儿子的交集不会因为时空的阻隔而变小，希望做一个与儿子共同成长，离儿子精神世界越来越近的朋友。

血脉相连的三代人，跨越七十多年，生活在不同的社会阶段，生命在不同的时空，互相交叠延续。母亲从富足无忧的童年到饥荒动荡的少年，从被边缘被歧视的青年再到平凡宁静的中老年，从西北宁夏到边塞新疆，母亲看清了生活的真相，也尝尽了生活的苦涩，依然喜欢养花读书，依然满心欢喜地养儿育女，依然全力以赴地工作，从不抱怨，从不诉苦，活在当下，乐观坚强，母亲才是真正的勇士，是我心里永远的偶像。

我从一个自小得到父母兄弟呵护备至的农场女孩，终于勇敢地冲出了父母的羽翼，独自一人从新疆来到举目无亲的苏州，那是因为看过的书中有诗和远方，诗和远方对我有着致命的诱惑，独自浪迹天涯的浪漫情怀让我对陌生的世界无所畏惧。我要用自己的眼睛看这个精彩的世界，自己去体验生活的酸甜苦辣。虽然过往也有颇多不如意，但相对于母亲那些痛又算得了什么。

这个对世界充满好奇的女孩终于看到了年少时书中的精彩世界，领略了中国的山川秀美，也有机会看到美国科罗拉多大峡谷的恢宏壮美，在洛杉矶看过太平洋上飞过的海鸥，在马来西亚的酒店阳台上欣赏到马六甲海峡的日出，在泰国的芭堤雅海滩欣赏过落日，在日本富士山下滑过雪，原来走出去，眼中的世界比书中的世界更精彩。我也开始锻炼身体，注意养生，慢慢让自己的身体变好。更加骄傲的是还养育了一个无话不聊的牛津儿子，这才是我今生最得意的作品和最大的成就。

儿子作为零零后，出生在互联网的时代，没有因成绩不优秀而受过责怪，童年无拘无束的玩耍、游戏，充分享受了父母的关爱与自由，从一个成绩中不溜，最没有存在感的小学生，到初中阶段慢慢找到了自己的特长，从而变得自信的初中生，再到高中阶段因学习优秀而轻狂骄傲的高中生，现在到了大学又备受打击的大学生，儿子品尝着成长的烦恼和喜悦，希望他胜不骄，败不馁。希望儿子读过的那些人文哲史书带给他感性的情怀和理性的判断，更希望儿子能用自己所学的科学知识为社会做一点贡献。从苏州到欧洲，儿子已经跨出国门用另一种语言在学习，比我们上两代人走得更远，见得更多，他看到了更大更精彩的世界。

祝福儿子如他所愿，活成他自己想要的样子。

Johnny Yan

2012—2015 年　　　苏州工业园区星海实验中学

2015—2018 年　　　苏州德威国际高中

2018 年至今　　　　牛津大学 St. Annie 学院物理专业本硕连读

意外之喜

深圳 谭卫东

2019年1月9日是牛津大学预录取放榜的日子。下班后我坐在家里等待结果，表面看起来不动声色，但内心仍有些许期待。由于我没有加入与学校相关的微信群，孩子的邮箱也对我保密，只好默默地坐着，直到晚上六点夫人回来。她的微信群里不断有收到offer的家长在发红包，夫人跟大部分家长一样一直忙着抢红包、发各种恭喜的语言和表情，并不断告诉我来了预录的同学名字，而我仍然没有太多反应。除了替收到offer的孩子和家长高兴外，真实的想法是来了当然开心，不来也没有特别的不高兴，因为孩子已经拿到了帝国理工学院和UCL的Offer，当初定的目标已经达到，况且还去牛津面试了，能去牛剑面试的孩子都是牛娃，不管最终是否拿到牛剑的Offer。不一会，夫人收到儿子发来的一条简短信息："我的Offer来了。"夫人当即高兴地跳了起来，像小孩一样尖叫："是真的吗？简直不敢相信！"而我却高兴得不知如何表达，只是傻傻地坐着。不一会同事（小孩也在牛津上学）打来电话询问是否有好消息，我说"有了"。因为他小孩和我小孩是小学同学，当初我们选择了国际学校，他选择了国内高中所以早一年进入牛津学习。晚餐喝了一瓶啤酒以示庆祝，整夜都沉浸在欢乐的回忆和刷屏中。

不被关注的小学和初中阶段

首先申明一下我儿子谭零是一名普通的小孩，小学与初中都是就近入学，小时候对他的要求不是太严格，在他的学习上也没有特别用心，更不用说整个上学的规划了，每逢寒暑假外出旅游是必须的，"读万卷书不如行万里路"。小孩自己倒是蛮有上进心的，记得在上小学之前，在小区里和同伴玩时，他的伙伴噌噌几下就爬上了小区的大树，我儿子试爬了几次双脚就是离不开地面，非常地不服气。第二天晚上，吃饭后下楼玩，一个人抱着大树不断地练习爬树动作，半小时后终于可以固定在离地一尺的树上不动。小学阶段除了数学比较拔尖之外，其他功课基本是中等偏上，这主要是我认为小学阶段分数不太重要，培养兴趣可能对以后的人生更有意义。因此只要是他自己感兴趣或者不排斥的项目，比如儿童画、国际象棋、架子鼓、葫芦丝、钢琴、游泳、奥数竞赛等均报名参加培训，文化课以学校课堂为主。因为成绩不突出，而且不淘气，几乎没有受到什么额外关注。加上我投诉学校作业布置得太多，孩子不能按时睡觉，老师或许就更忽略他了，直到他自己报名参加全国奥数竞赛并取得了全国金奖得到校长亲自颁奖后，才引起了数学老师的注意。

小学结束，同事的小孩不知怎么就上了深圳名校，一打听原来深圳名校在小升初时有一场选拔赛，而我们竟然一无所知，在埋怨同事不够哥们的同时也为自己对孩子的学习不够重视而懊悔。好在我们附近的这所初中教学水平越来越高，名气也逐渐变响，外来入学的学生也逐渐多了起来，小区也变成了学区房。

升入初中后，刚开学就进行了入学考试，成绩一出来，让我大吃一惊，竟然排到了后30%，小孩情绪有点低落，怪我们没有好好规划假期学习。而我认为可能与每个学校教学风格和进度有关，只要自己努力用不了多久就能赶上，唯一的变化是我在家陪小孩学习的时间多了一点，在小孩遇到困难时能够一显身手。之后他的成绩虽然不是太稳定，但总的来说成绩在前20%以内，按照学校以往中考成绩考入四大名校问题不大。

弹钢琴是他最喜欢的，一直以来我们都是以培养兴趣爱好为主，没有进行考级的专门训练。他为了向同学证明自己的钢琴水平，主动要求考级，于是就直接开始了第八级考级的专门训练，并在初三下学期拿到了九级证书。升入初三后课余时间发生了根本性的改变，体育训练占据了大部分课余时间。因为深圳中考总分460分，体育占30分。儿子从小体育不是太好，初二期末的体育必考项测试离满分的标准还差一大截，所以初三的周末和假期基本是在学校操场度过。

普高与国际高中的艰难选择

针对儿子理科优势，我们选择参加深国交四月份的入学考试（只考数学、英语、思维）并被录取，五月份参加深中的自主招生考试（只考数理化）也被录取，这两所学校都是孩子心目中的理想学校，这时的我们确实感觉到有选择比没有选择更难。深中国际体系的优势在于申美，但需要参加国内的高中学业考试；国交的优势在于申英，并且与大学无缝衔接，缺陷是学校比较小，连个像样的操场都没有，每年运动会都得去别的学校租借场地。儿子的好友很多考上了深圳的四大，走的是普高路线，因此他明确表态选择深中，而我刚好在他考上深中的当天去新疆报到工作，什么时候能回深圳全然未知；儿子的数理化未在外面上过辅导班，碰到问题主要是向我求教，我会详细给他讲解解题思路（包括数学物理的各种杯赛）；显然在儿子学业的关键阶段外派，不能陪伴他高中阶段的成长，于我而言多少有点心怀忐忑和歉意。夫人是个佛系老妈，选哪个学校都支持；在飞机上与送我的同事讨论，几乎都是选择深中，多方权衡我还是坚定地选择国际学校，并且明确申英方向，接下来就是怎么说服孩子了。

中考一结束正式与小孩讨论学校的选择问题。为了庆祝中考结束，特地请儿子吃了他想吃的印度菜，菜很精致，儿子很满意。回到家，泡上一壶茶，首先对儿子初中学习的出色表现表示非常满意，然后说明我自己的工作情况，不知什么时候能够回到深圳，指出出国学习是他们这一代人的必要经历，最后问他怎么打算。儿子回答很干脆，坚持上深中，他觉得上深圳最好的中学是一种荣耀，他的同学考上两个学校的都选择了四大，老师也是鼓励他上深中，这完全在我的预料之中。于是我把国交宣传手册上的学生被录取的情况做了一个详细的解读和分析，而且明确地告诉他，我们的目标就是帝国理工，只要成绩能够达到前40%，跟上学校的节奏就能如愿以偿。经过软硬兼施，最后孩子还是勉强同意了我的选择。

几乎崩溃的国际高中阶段

由于学校床位有限，第一学期未能申请到住校，孩子每天早上只能与同学拼神州专车上学，放学后坐巴士或地铁回家，不管烈日高温还是台风暴雨都得花两个小时在路上，非常辛苦。儿子中考后就来新疆陪我，没有补习英语，选课时既没有经验更没有仔细考虑，选择了相对偏文的商科与地理，在全英文上课的环境下，第一个学期的学习都不在状态，心理上依靠的父亲也不在自己身边，孩子成绩基本上在60%以外。这结果确实让我们感到紧张，学校甚至怀疑小孩的学习能力，为此还专门测试了小孩的智商，结果没有问题。于是学校专门替他安排了英语老师中午补习英语，夫人经常哭泣，没有半点办法。小孩也抱怨当时没有让他上深中国际班，选课时也没仔细斟酌和咨询，小孩整天来回奔波，情绪比较低落，自信心也不如以前，回到家就把自己关进房间，不是吃饭和上厕所很少出来，周末就一个人练习钢琴，交流也越来越少，作为家长的我也为当时的择校决定感到非常后悔，远在新疆的我几乎快崩溃了。小孩的学习辅导以前基本是我自己亲自上阵的，现在鞭长莫及，只好去书店买来相关书籍边学边讲解，每天听夫人的汇报来遥控指挥，更主要的是短板的英语导致了所有课程的落后，在与儿子沟通后，在家里每天背点雅思单词并由夫人抽查，周末去辅导机构辅导。

儿子经过一年的辅导加上勤奋，各科成绩逐渐稳步上升，G2参加一些国家的数学、物理竞赛，也获得了比较好的成绩。特别是经过英语强化学习，G2年级末的英语作为第一语言的国际考取得了B的好成绩，暑假的第一次雅思考成绩为7。与学霸相比，取得的这些成绩微不足道，但相对他入学时的英语水平来说，实属不易。

A1年级彻底抛开文科方面的学科，选择了比较有优势的数理化与计算机，至此学习渐入佳境。2017年底，新疆的工程如期投产，我也顺利地在2017年最后一天回到了深圳，此时孩子已是A1下学期，成绩名列学校前10%。

全力以赴的冲刺阶段

新学期一开学就面临很重要的事情：学校和专业的申请。国际考模考成绩出来后，我们稍稍提高了目标，准备向牛剑冲刺，为此特意去学校征求留学指导老师的意见。看了他以往的成绩，指导老师非常诚恳地说有一定难度，但最重要的是目前要认真学习，考好A2年级的国际考。听了指导老师的话我们多少有点失望，但是冲击牛剑的梦想依然没有改变，我们表达了希望得到她支持的意愿，指导老师说所有的学生同等对待，只要有意愿，愿意给予100%帮助。专业基本确定化学类。我亲自上各大学校网站了解学校的信息和专业要求，筹划孩子的假期科研准备等等。六月国际考一结束，立即投入大学的科研中去，目的不是为了获得多少专业知识，而是检测他对专业是否热爱，以及对专业的初步了解；晚上回家后开始PS的构思和写作，学校要求申牛剑的学生必须在国庆前提交PS，利用假期完成PS的初稿和修改可以一定程度上缓解开学后的学习压力。暑假结束，参与的实验也取得了阶段性成果——完成了实验数据的分析报告。

开学后 PS 得到 TUTOR 的修改意见，经过反复修改最后于九月底定稿。接下来就是选择学院了，由于事先缺乏对牛津各学院的了解，一看那么多学院竟无从下手，好在牛校各专业在英国基本都是前三，只要进牛校就是胜利。学院的选择上还落下一个笑话。本来孩子选了 Keble 学院，而我觉得牛津是一所历史悠久的学校，后建的学院生活起居肯定更便利点，于是建议填报 New College。在测试系统里填报好学院选择意向后，碰到同事聊到学院选择一事，她告知 New College 是很古老的学院，竞争比较激烈，建议选竞争相对较弱的学院。于是赶紧与老师联系更改，老师认为学校为避免同校竞争已先在学生中进行摸底，既然已经填写就不能更改，至此只能彻底地把心放下来，听天由命，不再想这件事情。但是护照签证仍然按计划进行，一点都不耽搁。梦想一定要有，万一实现了呢？

11月份接到面试通知，真正的淘汰赛来了。小孩认真地准备面试资料，要学习的内容很多，时间肯定不够，能不能押中题全看运气，我也全力帮助他进行面试准备。到了牛津后，在小孩住校面试的几天时间里，我每天早上九点背包出门，晚上六点回到酒店，用双脚丈量了牛津的大街小巷，用眼睛感受了牛津的文化底蕴。面试前给小孩做了一些交代，重点是心理上的调节，毕竟是第一次一个人去一个陌生的地方参加一生中最重要的考试。在送他进学院前的那一刻，天空中突然出现非常清晰的双彩虹把学院裹住，是否预示着好兆头？面试结束后，一问情况，比较好，也就不再考虑，因为来面试的都是学霸，谁上谁不上，运气占一半，顺道去南安普顿玩了两天就回国了。

不同背景下的名校之路

收到预录取通知后，第二天同事就发来了网上预录取通知图片和各种祝贺信息。在这不断的贺信中，不得不提的是儿子小学四年级时一起去北京参加全国奥数竞赛的另外三个同学：小 D 同学（牛津）、小 L 同学（北大）、小 H 同学（清华）。

  这三个小孩的父母与我都是 1992 年从不同省份不同学校毕业分配到同一单位工作的同事，其中 D 同学和 L 同学是 1999 年下半年出生，H 同学与我小孩只差 10 天，因此都是同一年上学；其中 H 同学、D 同学和儿子住的是同一个小区，上的是同一个小学。小学四年级这四个小孩都代表深圳市参加全国奥数竞赛，同时获得了金奖，后来 D 同学、L 同学选择了竞赛体系，而 H 同学和谭零同学选择了普通路线，但在初中上学时，他们三个去了深圳的四大名校，我们因为情报没做好没得选择而就近读书。高中入学虽然我们有了选择但我们选择了国际（4 年）路线，他们选择了普高（3 年）路线，最后 D 同学在 2018 年深中竞赛体系毕业被北大和牛津（物理）录取最终选择了牛津，L 同学 2018 年深外竞赛体系毕业被北大数学系录取，H 同学 2018 年深高标准体系毕业被清华（土建）录取。

  四个孩子不同的路径，最后都能结合自身的背景和环境，通过各自的努力和父母的付出走上了名校之路。没有一成不变的法则，只要有砥砺前行的坚持和勇气，条条大路通名校，愿每个家庭每位学子都能走出自己独一无二的成长之路。

谭零

2012—2015 年	深圳市南山区第二外国语学校
2015—2019 年	深圳国际交流学院
2019 年至今	牛津大学 New College 化学专业

上帝打开的门

佛山　潘田华

一

中考放榜了，一直都很优秀的儿子竟然落榜，仅差几分，无缘市里的重点高中。

那个晚上，我们家空气像静止了一样，特别凝重。儿子是一个阳光、聪明懂事的帅气小哥，学习方面一直都不用我们家长操心，我们家，各人忙各自事情，各自都在自己的范畴努力着，勤奋着。本来就想着应该是小学初中高中都能在心仪的重点学校就读的，这样一个结果，把我们的计划都打乱了，我们一时也不知所措。

儿子把自己关在房间里三天，吃饭的时候出来一下，到了第三天的晚上，我和他爸爸轻敲了门进去，看到他蜷缩着身体，靠在房间一根柱子边，头深深埋在双膝盖的缝里。然后台面写着一堆没有逻辑的语句，其中有一句话是这样写的："上帝给你关上一扇窗，同时也给你打开一道门。"

我心疼地抱着儿子说，人生的路不会一帆风顺，早一点遇到困难，就早点面对及历练吧。儿子很乖，怕我不开心，说："妈妈，没事的。其实我在三中做鸡头，比在一中做凤尾好啊。我只是觉得不甘心，为什么这一次考试，原本比我差很多的同学都跑到我前面来。同时我身边一拨优秀的好朋友不再与我做同学了。"儿子，其实这些顾虑及不甘我们一样都感受着，这几天我和他爸爸想尽所有的办法，都无法挽回不能进入重点高中的局面。

通过我这几天与教育局人员的联系，获知这一年中考的情况，就说：

"这一年中考数学与物理考题简单，你的优势就是这两门，既然门槛低了，你与别人的差距就拉不开了。"就这样一次简单的对话后，儿子心中的顾虑释然了，中考不如意的事情在儿子心里就翻篇了。

但我还没有翻篇。这个事情，令我几个晚上都不能好好睡觉，总是在想，儿子是这么乖巧努力的小男孩，也算是勤奋学习，但由于各种原因，如考试前一个晚上由于临时换宿舍空调太冷导致发烧，及优势的科目考题普遍简单等等，一次落败，就一点余地都无法挽回。这样的情景，是否会在高考再次出现？若真的再次出现，难道高考后再复读吗？

基于目前国内考试一考定终身的形势，及结合我儿子理科及英语有优势，文科类偏差的情况，我产生了要让儿子读国际学校的念头，不想浪费儿子理科方面的天资。于是我开始收集有关国际学校招生、录取、就读等方面的资料。佛山本地有五六家国际学校，了解过门槛进入较低，里面就读的学生总体素质也不高。然后我跑到广州华附等知名国际学校，最后锁定了华附的 AP 班，还参加过几期的介绍会，主要了解到 AP 班历年毕业的成绩挺好，生源都是华附高三学生转过来的。另外还有一个 A-Level 班，对社会开放，考试难度不高，所以就惆怅起来。如去 AP 班，但对手是华附高三的学子；如去 A-Level 班，应该比较有胜算，但毕业后可以选择的学校并不理想，当时是提供二十家学校，英国最好的就是布里斯托，澳洲就是阿瑞斯，还有专业选择也是有限的。

时间是个好东西，流走了岁月也流走了淡淡的哀伤。高一开学，儿子欢天喜地地迎接新的校园生活，但在就读一周后，还是偷偷跑去一中看了一下他的好朋友们，看了一下他一直向往的高中学校。他无法舒展的眉结告诉我，他还是心有芥蒂。我知道他的心有多疼，我也依然挣扎在这个旋涡的中心。

儿子是具有一等生的资质的，考虑到国内高考体制的不利因素，我更加坚定要找一条适合我儿子发展的路，佛山、广州找的不理想，我又到处向朋友了解。

功夫不负有心人。有朋友知道我在打听国际学校的事情，就推荐我去深圳看看。深圳虽为新兴经济型移民城市，但其教育一直在广东省内处于领先位置，由于国际性人才比较多，所以国际学校也办得很成功。这其中，深圳国际交流学院算是里面的翘楚。

带着这些信息，我上官网看了学校的介绍及入学要求，多次电话咨询招生老师后，与他爸爸去这家学校走了一趟，实地考察。因为最开始孩子爸爸对国际学校还是存在认识误区，觉得这类型学校营利性强，教育急功近利，学生素质差，所以我建议大家都到学校实地考察一下。虽然学校面积较小，活动场地不大，但从学生的宣传栏等方面感觉这是一家很有活力的学校，学校看上去都没有很严格的管理制度，但学生的自律性、进取心，很令人敬佩。

另外还有一个很重要的信息，就是这学校入学考试没有提纲，没有辅导资料，只需考数学物理英语，一点都不用考儿子最薄弱的文科，哇塞，与儿子超级高配。虽然很适合我儿子的情况，但从外面密密麻麻的考试培训班招生，就可以看出这所学校的炙手可热，是否能进去，还是一个头疼的问题。

深国交每年四、五、六三个月进行入学考试，我们错过了 G1 的入学考试，只能报 G2，当时的儿子在其高中学习得心应手，目标是争取全年级前茅。因为习惯而且处于上升轨道，当我提出让他去报名深国交的时候，他立马反对，还很犟的不与我沟通。那我只能先停下来，但我还是在网上帮他报了考试。

四月份就快到了，儿子还是沉醉在他的学业中，没有想过要应对深国交的考试。我知道直接谈话他肯定不听，所以我就写了一张纸条，周日他回学校前塞到他的书包里面："我觉得深国交这条路冥冥中是上帝为你打开的另外一道门，给自己一个机会，不用进行任何的复习，只要你人到直接入考场就可以了。"

下周六他回来了，在我煮饭的时候走过来，说了一下："深圳那边什么时候开始考试，我想去试试。但条件是我不作任务准备，考得如何就如何。"

就是这样，带着孩子自己数理化及英语的底子，去笔试及面试。第一次考试不入围，属于备选名额，第二次考得更差，第三次考，出来的时候笑容满面，估计应该得心应手。

7月中旬，收到深国交的录取通知书了，也同时收到孩子所在学校创新班的通知书，当天晚上，我与孩子及他爸爸沟通了一个多小时，觉得国内教育文科占分比例重，数理化英方面的优势很难突显出来，一旦如中考那样失手，就没有其他的补救办法。国际教育这条路，虽陌生，结合自己的特长以及数理英比较好的优势，可开拓的空间还是很大的，最终决定还是走国际学校这条路。

厚积薄发。就这样，经过一个多小时的沟通，改变了儿子整个求学的命运，上帝打开的这一道门，儿子走进去了。

二

2013年8月13日，儿子带着崭新的心情走入了深圳国际交流学院。我这边还是没有放下顾虑，在原来的高中学校，继续帮他交了学费，保留一年的在读名额，怕他那边不适应，还有回旋余地。

一个月后，由于是插班到二年级G2，从来没有接触过国际教育的儿子，课程有点跟不上，同时也没有班级之分，都是大课堂走读式的，令他有点陌生。周六回家的时候他开玩笑式的说："妈妈，我现在回三中再读，你说学校是否会收我了。"我当时脸上马上僵硬了一下，不知道如何接上，虽然是玩笑式，但我感觉到他有这方面的念头。

晚上，我打电话给老师，问了一下其他小孩新入学的情况，知道很多学生都有一个过渡期，若心理不适应，学校还提供心理辅导，但课程跟不上的话，只能自己想办法。不过很多小孩过了三个月，都可以适应过去的。所以我给儿子设定三个月的适应期，并告诉他，我早就为他留了原来学校的位置。这样一说，他反而有点气愤，原来妈妈是没有看好我能跨过这一关。我感觉当时他是有点憋着劲似的，要给妈妈好看的。

之后这几周，他都没有回家，估计在学校死磕书本吧。他的性格是报喜不报忧的，我与他爸爸只能在心里默默地祝福。这期间，他爸爸担心儿子的情况，还带上汤水，从佛山跑了一趟深圳的学校，看到儿子消瘦了，但精神面貌还是很有斗志，估计学习及校园生活都习惯了。儿子就是凭着这个不服输的劲头，走过了国际教育的三年时光，并且在这条路上越走越优秀，越走越春风得意。

在 A2 上半年，学校组织家长报考学校及专业等工作，我们当时的目标是冲帝国理工机械工程专业，牛津大学是仰望状态。原来所有的努力，在一定的时候，都会有回报。A2 的大考，儿子终于迎来优异的成绩，拥有足够的资格报考牛津大学。

之后准备牛津申报的资料都是孩子自己在学校独立完成的，资料提交、专业考试方面，都很顺利，我们家长也帮不上忙。面试方面，当时儿子还没有意识到外表的重要性。在出发前一天，爸爸才发现儿子的衣服都是暗色调，不够阳光。一大早跑到广州，买回几件鲜艳活泼的衣服。现在想起，第二轮的面试阶段，面试老师对儿子很疼爱，我们觉得应该是爸爸买的新衣服起了作用，觉得这个小孩帅气精神饱满，朝气蓬勃的。

面试通过后，给出的条件是数学物理要 A+，雅思要总分过 7，各小门也要过 7。术科的要求容易达到，但雅思的要求就麻烦了。因为按之前的录取习惯，在国际学校就读三年及以上的学生，是不用雅思成绩的，儿子多次向牛津申请减免，但无法改变。明明看到了旭日东升，却飘来一片乌云压顶，当时有些扫兴。

马上找来雅思培训的课程，封闭学习，找老师辅导等等，在国内连续考了两次雅思，都不能达标，写作及口语总不能达到 7 分。通过几个月的苦练，此时的儿子已经疲惫不堪。难道真的就这样与牛津擦肩而过吗？儿子休息了两天，雅思的复习资料什么的也不碰了。待脑袋清醒下来后，很多平时收到的信息就会选择性地浮现出来了。记得当时雅思的辅导老师说过，香港雅思老师对口语的打分比较人性化一点，也可以选择去广西等偏远地区，同地段的学生对比，雅思的成绩容易高分一些。

人的这种自我修复的能力，在彷徨无助的时候，会提供一些有用的东西，所以太累的时候，人就要停下来，让身体自愈一下。

我们沟通了一下，还是觉得选择去香港考雅思。在香港期间，我一直陪伴在儿子身边，赴考的当天早上，透过窗纱的金黄的晨光，照在儿子捧着咖啡杯的手，轻微地抖着，几个月的雅思英语强压，这一次赴考将验证结果，可见他内心的压力是多大。我很无助，只能在心里默默祈祷：既然打开了这道门，就让我儿子顺利走下去吧！

第一次雅思成绩出来了，口语还是没能达到 7 分，自我感觉很好的儿子觉得是否老师给分有偏差。在进行第二次考试期间，儿子对口语成绩进行复核申请，这个申请回复时间较长，我们继续奔走在雅思考试的路上。现在回想起来，若不是一种对牛津大学执着追随的信念，心力交瘁的人早就放弃了。

在考完第三次雅思后，复核的成绩出来了，口语由原来的 6.5 评定为 7.5，比要求的还高了 0.5 分。滑稽又公正的雅思评分。所有的顾虑及负担都没有了，儿子好好地睡了几天。不久，就收到牛津大学工程系的录取通知书。原来所有的努力真的都有回报，我们披荆斩棘，冲破重重困难，百般历练，终于走过来了，也终于走向了牛津大学求学之路。

到此，儿子从中考失败，转型成为一名光荣的牛津学子，每个关键的时期都一一记述。过程有点流水账，但节点的想法及判断应该有借鉴作用。

另外，在发掘及培养小孩的兴趣方面，一定要因势利导。小孩的天赋一直忠实地储存在他的体内，随着年岁的增长，这些天赋会逐步呈现出来。

在幼年时期，儿子很好动，一般家长都喜欢约束小孩的行为，习惯地认为安静听话才是好孩子。但我觉得小孩就应该多动多接触。在安全的情况下，我就用放手的形式让儿子去摸去捧去接触，就算在公园与小朋友打架，都不阻挠，远远地看着，让他们打完后自己和平解决。所以入了幼儿园后，他虽然会与小朋友们有摩擦，但都可以和平解决，这就是幼年期培养的能力。

在开发大脑方面，未认字前，带他到外面走的时候，都一路读字给他听，虽然他好像不明白，但脑袋会有这些记忆的信息及痕迹，对他后来读书认字是有帮助的。

在小学及初中阶段，儿子的语文相对其他科目，属于劣势，我多方想办法，报辅导班，陪他一起背诵古文及优美文章，请市内有经验的语文老师帮他把脉诊断，但他都不感兴趣，也不愿在语文这门课上下功夫，为此，我们还曾大吵一架。现在回想起来，他身体里这个种子先天不良，后天就算给予再多的养分，也难郁郁葱葱地生长，若当年强硬要语文出成绩，可能就没有今天牛津学子这荣耀了。

所以还是那句话，小孩的发展一定要因势利导，不能硬着来，忠实于他自身的天赋，后期好好培养及引导，定长成参天大树！

陆艺舜

2006—2009 年	广东省佛山市禅城区第九小学
2009—2012 年	广东省佛山市华英中学
2012—2013 年	广东省佛山市第三中学
2013—2016 年	深圳国际交流学院
2016 年至今	牛津大学 Hertford 学院本硕工程科学专业

执着与坚韧
——一个牛津女孩的不懈奋斗

衡水　马晓晴

在女儿还没上小学的时候，有一天突然对我们说："你们为什么生下我？我还要奋斗！"也许，这就是冥冥之中的定数，"奋斗"就是她的责任和使命。每个人都有自己的选择，她义无反顾地选择了一条充满艰辛之路！时光荏苒，日月穿梭，蓦然回首，发现女儿一直在向着自己的目标奋斗前行，当然，之间也有迷茫和失落，但更多的是收获。

独立求学之路

她进入牛津的路与大部分同学不同。对于生于一个小县城的孩子，没有大城市那么好的环境，县城的概念就是一个大镇，在广阔的华北平原上，只不过是一个很少引人注意的小点。这里以农业为主，生活节奏也不快，家长培养孩子的意识也不强，于是我们萌生了把孩子送出去读初中的想法，入学时她才11岁。当时，我们也舍不得，小小年纪就要远离父母去求学，必须自己独立，"谁的孩子不是父母的掌上明珠呢？"面对现实，想到"父母之爱子，则为之计深远"，咬咬牙送到了离家120多里的住宿学校。

逐渐养成的初中： 所幸的是，女儿很懂事，也很快就适应了寄宿制生活学习，初中三年成绩越来越好，毕业时顺利考上了全国名校衡水中学。本来，她可以像同学们一样，在衡水中学读完三年高中，然后选择自己心仪的大学。一个偶然的机会就这样没有征兆地来了，新加坡南侨中学到她所在初中招生，她因成绩优异得到推荐名额。在这次选拔中，经过数学、英语、智力测试三门笔试和面试，她凭借优秀的表现以全额奖学金被录取了。从此，14岁的她便跨越重洋，关山万里，踏上了异国他乡的求学路。

自立自强的南洋： 新加坡的学制与国内不同，教育模式也不一样，初中是四年，高中在新加坡叫初级学院，是两年，且全英文教学。虽然他们都是初中毕业去的，但为了适应英语教学，还是从初三上起，用女儿的话说就是参加了两次中考。新加坡的教育还有一个特点就是锻炼自控能力和自主学习能力，没有像中国一样的统一教材，而是用老师编写的讲义和推荐书目，要自己规划时间，统筹安排上课与CCA（社团活动）。上完课，学生需要自己坐车回公寓，公寓管理人员只负责生活，老师留的作业没人督促，全凭自己。因为新加坡除了中华文学课外都是英语授课，所以开始英文比较吃力，女儿背单词做作业经常到深夜，第二天早上五点还要起来去上学。就这样，经过两年初中、两年维多利亚初级学院的努力，女儿以A-Level考试全科八个A的成绩毕业。

选择牛津： 在准备A-Level考试的后期，女儿因为喜欢牛津大学的学院导师制，一门心思想进牛津大学，为此她诚恳请教学长学姐还有老师早做准备，还参加了一个净化水科技的科研项目并获得了一等奖，请参加暑期科研实习的老师写了推荐信，还有初院的带课老师一共得到了三封推荐信，自己DIY了申请文书，参加了牛津大学理科方面的PAT考试。一个多月后取得面试资格，在新加坡参加了牛津大学的远程SKYPE面试，面试的有三位教授，都很和蔼，其中一位就是入学后带她课程的导师。从前听学长学姐讲会出很奇葩的问题，她也做了大量的准备，把自己的文书中提到的理论书目都做了大致了解，生怕自己会给自己挖坑，结果还好教授们考察的重点是解决问题的思路和方法，以及对科研的热爱，有一道题是推导出没有涉猎过的公式，其间老师也会给些提示，没觉得太难。

牛津，意味着需要更加努力： 金秋十月，终于踏入向往已久的牛津校园。当告诉别人她将去牛津大学读书,别人都是一脸的敬佩和羡慕,毕竟在这个五线城市还是很少人做到,"牛津"在以前的意识里只是字典。真正的牛津生活,才知道名校的压力之大,周围都是一群学霸,每个人都很有实力。其实,80%的学生都是普通学生,可能10%是上层阶级的学生,10%的学生是真正的天才。女儿通过比较,把自己定位为普通人,必须努力学习,奋力拼搏。有人说成功的路上并不拥挤,因为说努力的人很多,真正把努力坚持下去的人少之又少。我们羡慕的那些人所得到的,往往就是他们应得的,如果你没有得到,只有一个结论,那就是做得还不够好。

学院制、导师制度: 英国有三所大学实行学院导师制度,分别是牛津、剑桥和杜伦大学。牛津大学有39个学院,每个学院都有不同专业的学生,女儿就读的曼斯菲尔德学院有六个来自中国的同学,其中一个和她同专业,这个学院有六个同学就读材料科学专业,和不同专业的同学生活在一起也可以互相交流不一样的思想、分享不一样的信息,这也是牛津学院制的一个特点吧。还有一大特点就是学院的导师制,每位教授直接指导两个学生,每周都有这种小课,要提前预习准备,导师会边讲边进行讨论,没有准备好是没办法跟上老师思路并进行批判性思维讨论的。这种因人而异的教学,老师会把水平相当的学生调到一个组,以便更好地指导。这种教学模式有人非常发怵,也有人非常享受,女儿还是非常喜欢的。

提前规划,多做尝试: 英国的大学和美国不同,没有通识教育,开始就是专业课,每年三个学期,每学期八周。每个学期刚开学就会有一个小考试,敦促同学假期也要学习。这所大学的学生并没有多少人的假期是闲下来读书的,大部分同学会在相关公司网站上申请实习,虽然很不容易,但坚持多投简历、多申请,最终还是能找到。从复活节一周短期实习,到暑假两到三个月时间或科研或企业或银行的实习,同学们会做不同的尝试,直至找到自己的兴趣所在。女儿大学第一个圣诞假期就体验了一把中餐馆、咖啡馆打工,感受到挣钱的艰辛和乐趣。复活节因为暑期科研实习的领导力培训挤占了来之不易的企业实习机会，暑期科研实习是和大二、大三的学长学姐们竞争得来全校 30 个奖学金名额之一的德国卡尔斯鲁厄大学为期两个月的科研实习，在那里培养了科研兴趣和技能，助力大二暑期申请到了美国麻省理工学院的科研实习和英国科技研究所项目共两份实习机会，印证了"越努力越幸运"这句话！

璞玉无华，品格的培养至关重要

有人说，每个孩子都是天使，此话不虚。在女儿慢慢长大的这些日子里，给了我们很多快乐，她身上逐渐显现的一些个性，很让我们欣慰。

认真： 每个孩子都有自己感兴趣的事情，并且一直都会对日后产生影响。女儿做的很多事情，都是非常认真，她都会尽力去做好。记得小学时候一次歌咏比赛，她虽然继承了我们的五音不全，唱歌有些先天不足，但，一经选择好了歌曲，就在家一遍一遍对着光盘练习，因为认真，最后，居然得了一等奖。

执着： 用俗话说就是有点犟脾气，或者说固执。有些事情确实转弯不快，而且小时候更容易受环境影响，很多事情甚至没有主意。不过，她一旦决定好了的事情，就会形成习惯，而不轻易改变。初一时候，老师都是要求他们课前预习、课后复习，她都是认真地执行，一丝不苟，慢慢形成习惯，一直到现在上了大学，始终没有中断。

心静： 细想起来，确实如此。她学习起来心里没有别的，知道自己想要什么，也明白自己当前的目标，每个阶段对目标都是专心致志。说两件小事：一件是小时候的事，每次进超市她都是拿三样想要的东西，当然基本都是小东西。拿完之后扭头就走，毫不犹豫，即使喊她回来可以再拿点，也从来没有回头。另一件就是在新加坡时候，她在宿舍看书或者做题，还要跟我们聊天，一边说话，一边忙她的，基本也没有耽误过。她身边同学都说她好像练成了周伯通的"左右互搏"。

低调：虽然她成绩一直比较好，却从来没有看到过她有骄傲的时候，"我这么笨，可怎么办呢？"经常挂在她嘴边。还有一个事儿，初中时候每次考完试都会打电话哭，原因都是没考好，开始很让人担心，怕她想不开，后来，我们也习惯了。一直到现在上了牛津大学，而且成绩基本保持在比较靠前，但她对自己资质平庸的定位没有改变过，只是强调可能是运气比较好。可能她说的是对的。

不积跬步，无以至千里

女儿不能说是最聪明的。在这些年的求学经历中，她虽然考过班级第一名，但大多数时候都不是，更没有考过年级第一。不过，毫不谦虚地说，女儿绝对是非常用功的，她的努力和执着有时候都让我们心疼。正是这些年拼搏的汗水，才有现在的她。

走过的日子已经慢慢成为往事，回首之间才发现她已经长大，有了自己的想法，也越来越有自己的追求，很让人欣慰。关于她成长起来的过程，大概有以下四点应该是我们坚持比较好的：

第一，目标明确。人不是生下来就会取得多大成就，都是一步步走过来的。也许我们看到了别人取得的巨大成就，迷醉于成功的光环，但凤凰浴火的过程，几乎都是被忽略不计。在孩子成长的过程中，小学、中学的各个阶段，目标基本都是考上下一个阶段的好学校，这都是毋庸置疑的。在这个目标下再对每年、每个课程进行分解，都明确告诉她，不必次次考第一，但不能偏科，更不能落下每一科。对于她比较不好的科，会积极与老师沟通，并仔细看考过的试卷，和她一起找出原因。这样下来，基本保证了每科的平衡。记得国内初中时候，她初一考试并不好，大概年级排到了700多名，初二时候就到了200多名，到初三下半年基本就保持在40来名，对这个成绩，我们已经很满意了。

第二，保持好心态。小时候，作为一个女孩，有一点娇气是在所难免的，一直到现在，每次回家都还原了本来的懒散，"原形毕露"，但在学习上整天像打了鸡血一样，差一点都不会放过自己。小学时候，她曾经从二年级开始一直是副班长，主管宣传，开始回来总抱怨说管不住人，没人听她的，板报还要自己写。每当这个时候，我们就告诉她，这既是一个锻炼过程，毕竟她画画基础好，又是一个提高过程，在这个过程中也有很多快乐。遇到难题的时候，都是积极给她出主意，她做得也是越来越漂亮，后来家长会班主任都是让她发言，她很开心，做事的心态也是越来越好。到了新加坡，也遇到过小组里面有不努力的同学，她都是比别人做得多，也很少抱怨这些，毫无疑问最后成绩都是她最好。

第三，养成持之以恒的习惯。作为女孩，从小就喜欢让她学习一些才艺，坚持最好的应该是跆拳道，一直坚持到她去新加坡，级别也练到了那个年龄最高。这不仅跟她爱好有关系，也是我们长期互赞的结果。之前也有坚持不下去的学习，吸取教训后，我们告诉她先去看看，决心下了就不能改，必须坚持下去，不准半途而废。她认可后坚持得非常好，每次我们都问问，有时候还看看她练的结果。开始的时候有好几个比她学得好，过了几年慢慢开始去的就只剩下她一个了，成了大师姐。后来，她也认可，只要坚持下去，总会有好的成绩。

第四，踏踏实实做人。这个是最重要的。人品是进入社会的基础，没有了，即使身价百万，人生的层次也只能徘徊在低层。学习好不好不仅仅是智商问题，还有很多因素。我们常常跟她说，不要看不起任何一个同学，即使他学习很一般，每个人来到这个世界，都有自己的位置，只要是自己努力得到的，都应该真心得到祝福。女儿基本做到了，跟同学一起关系都非常好。有时候她抱怨同学缺点的时候，我们也会正确引导。有时候，我们不注意说起哪个同学哪里不好，她还会纠正。

几点体会

父母的职责绝不是把孩子看做自己的私有：他们都是独立的个体，我们需要做的就是他们的推进器，当然必须正确引导，不能放任自流。孩子跟孩子是不一样的，也不是所有孩子都必须把书念好，孔子也强调因材施教，不能强求统一。关键时候，我们要冲上去，让他们踩着我们的肩膀前进。

好学校不是目的：就像我们这里，都把考上衡水中学当作一种荣耀，有一些学生也是，上了高中明显就不专心学习。大学也是，即使上了好大学也要好好学习，学校只是获得知识的一个途径，而不是目的，更不是最终目标。好的学校只是意味着你比别人可能拥有更好的学习资源，"师傅领进门，修行靠个人"，再好的资源不去用，也是枉然。

要尊重孩子的选择：不能过多地把家长的意志加到孩子身上，过犹不及，掌握好"度"很重要，积极为他们出谋划策，但不是做决策。到了考大学阶段，大部分孩子基本已经18周岁，都有自己喜欢的事，不喜欢的事强迫他们去做可能会起反作用。在选择牛津还是新加坡全额奖学金的时候，我们就给她分析了利害得失，最终结果是她自己的决定，虽然她现在的生活比较艰苦，需要打工贴补生活费，但相比较收获总的来说，还是不后悔。

好大学需要运气：在国内大学基本都是分数线控制，在国外可不一定，有很多因素，不要以为自己没选上是不优秀，因为，很可能有成绩远远不如你的人能进入。但行好事、莫问前程，努力吧，相信是金子到哪里都会发光。

人的一生就像是在爬山，考上好大学只是才爬上了一个小山包，猛抬头，前面还有更长的路。学业和健康、品德都很重要，如果让你选择最不重要的一个，大部分人都会选择学业，不要因一时失利而放弃。

  每个人来到世间，都有不同的道路，也会有不同的收获。用保尔·柯察金的一句话就是："人的一生，应当这样度过：当他回首往事时，不因虚度年华而悔恨，也不因碌碌无为而羞耻。"

  最后，真心地祝福所有的孩子都能通过自己的奋斗得到自己的收获。

宋羿萱

2009—2012 年	衡水市第六中学
2012—2014 年	新加坡南侨中学
2014—2016 年	新加坡维多利亚初级学院
2017 年至今	牛津大学曼斯菲尔德学院材料科学

一路宠你到牛津

上海 黄 娟

阅读，照进孩子生命中的一束光

阿根廷著名作家博尔赫斯说过："如果有天堂，天堂便是图书馆的模样！"

作为迄今为止唯一一位被牛津大学音乐学本科录取的中国大陆孩子，女儿已经在如世外桃源般的牛津大学玛格丽特夫人学院度过了两年既宁静又紧张的学校生活。2019 年暑假，我们全家从巴黎南下，一路追寻法国作家与艺术家的足迹，看着女儿在拉雪兹神父公墓的墓园中，吟诵王尔德的诗，找到王尔德的墓时的欣喜不已；在阿维尼翁圣耶姆教堂，驻足观看，与曾到过中国的传教士侃侃而谈，面露虔诚；在法国各大火车站休息厅的钢琴前，当众弹奏出流畅优美的旋律，然后自豪地对围观的旅人说出自己是中国人时的骄傲。时光仿佛穿越，孩童时的一幕又浮现在眼前：在窗前地板上，安静地坐着一个文静的小女孩，手捧书本，沉浸其中。淡金色的阳光静静地在墙上、地面上、书本上、孩子稚嫩的面庞上流淌过，时间仿佛静止。

小时候，女儿文静，偏内向，朋友也不太多，更多的时候，女儿是在家独处的。村上春树、黑柳彻子、曹文轩、沈石溪、乔治·奥威尔、勃朗特姐妹……所有作家的书，都是一个系列一个系列买回家。作为妈妈，也非常乐意把选择书的权利完全交给孩子。那时有个特别火的网站：当当网，选书、付款、收快递，小小的女儿驾轻就熟。妈妈唯一能做的，就是不去打扰她，让她自己一个人安静地沉浸在自我的空间，沉浸在作家们编织出的世界。

书籍，带给孩子的惊喜，不只是打开了一个缤纷的世界。女儿从对音乐的懵懂到对音乐的热爱，直到执着地追寻与学习，完全就是受到村上春树小说的影响。村上春树是影响全球无数文艺青年的作家，但很少有人知道，他其实更是一个古典音乐与爵士乐的发烧友，还开过爵士乐酒吧。他的小说细细读来，充满着古典音乐的美学，对女儿有直接影响的就是其中两部作品《挪威的森林》和《海边的卡夫卡》。

勃拉姆斯《降B大调第二钢琴协奏曲》：

快到3点时，我俩返回咖啡店。玲子一面看书一面听立体声短波中勃拉姆斯的钢琴协奏曲。在空旷的没有一个人影的草原一角播放勃拉姆斯乐曲，也的确是妙不可言。玲子吹着口哨，模仿第三乐章刚有大提琴出现的旋律。"布克·霍斯和彪姆。"玲子说，"这段乐曲，过去我听得几乎把唱片纹都磨光了，真的磨光了。从头到尾听得一点不剩，像整整舔了一遍一样。"——摘自《挪威的森林》

贝多芬《降B大调第七钢琴三重奏》：

"没有详细听，还谈不上喜欢不喜欢，"星野直言相告，"或者不如说几乎没听过。我只喜欢《大公三重奏》那支曲子。""那个我也喜欢。""百万美元三重奏倒是很合心意。"

大岛说："我个人偏爱捷克的苏克三重奏。达到了优美的平衡，散发着一种清风拂过绿草那样的清香。但百万美元也听过。鲁宾斯坦、海菲茨、弗里曼，那也是足以留在人心底的演奏。"

大岛倾听着音乐，口里哼着旋律，继续下文，"我经常一边开车一边听舒伯特，就是因为这个。就是因为——刚才也说了——几乎所有的演奏在某种意义上都是不完美的演奏。优质的稠密的不完美性能够刺激人的意识，唤起注意力。如果听舍此无他那样的完美音乐和完美演奏开车，说不定就想闭上眼睛一死了之。而我倾听D大调奏鸣曲，从中听出人之活动的局限，得知某种不完美性只能通过无数不完美的聚集方能具体表现出来，这点给我以鼓励。我说的可明白？"——摘自《海边的卡夫卡》

舒伯特《D大调第十七号钢琴奏鸣曲》：

"舒伯特是经过训练才能理解的音乐。刚听的时候我也感到单调，你那样的年龄那是当然的。但你很快就会领悟。在这个世界上，不单调的东西让人很快厌倦，不让人厌倦的大多是单调的东西。向来如此。我的人生可以有把玩单调的时间，但没有忍受厌倦的余地。而大部分人分不出二者的差别。"——摘自《海边的卡夫卡》

感谢村上春树先生，他对于音乐精致、细腻、直入人心的描述，竟然开启了一个孩子一生的热爱之路！这是我作为母亲，万万没有想到的，真的是书籍给了人生一个大大的礼包：引领孩子走向音乐之路！也特别感谢村上春树作品的翻译家林少华先生。2018年的初秋，我们在上海，在村上春树的新书《刺杀骑士团长》的分享会上，非常幸运地见到了林先生。文字的力量，真的让人如沐春风，又一见如故。当女儿与林少华先生交流，说他翻译的村上春树作品带给她的影响，带给她的热爱之时，林先生也特别动容，欣然给女儿提笔：相识于书缘，读书最好！

光阴停留处，仿佛看到了一个十岁的小姑娘，坐在洒满阳光的地板上，小小的内心感受着《海边的卡夫卡》中少年的迷茫，失落，寻找与成长……"妈妈，这真的是我童年读过的最震撼的一本书！妈妈，文字竟然可以这样写！"感谢阅读陪伴孩子度过一段童年内向孤寂独处的时光，更感谢阅读带给孩子一份自小就有的从容与淡然。

张爱玲讲过，如果想学好英文，就丢给孩子一本英文名著，等她读完了，英文自然好了。虽是名家与闺蜜炎樱的笑谈，但是女儿英文成绩的出色，确实得益于阅读原版英文小说。从最开始的看图说话，到后来的少儿英文简易读本，到最终的文学原著，孩子一步步在不知不觉中，沉浸到英文的语言世界。十四岁考雅思，竟然在以研究生为主的备考班中，考了第一名，综合成绩 7.5 分，后来为了申请牛津，又考了一次，8.5 分，阅读和听力都考了满分。孩子的语言交流、英文写作，几乎都等同于母语，信手拈来。这成绩的背后，是女儿十余年大量的英文阅读的积累。

童年时期，孩子读了很多中英文画报，连蒙带猜地度过了一段自娱自乐的读画时光。女儿读的第一本真正的原版英文小说，是《傲慢与偏见》，作者是英国女小说家简·奥斯汀。当时孩子刚刚十三岁，处于小少女的青春懵懂期，她参加了上海一个青年外文读书会，每周读一篇英文，然后在沙龙里做分享。小小的女儿竟然选择了《傲慢与偏见》，小说描写了 18 世纪末到 19 世纪初小乡绅班纳特五个待字闺中的千金，主角是二女儿伊丽莎白。她在舞会上认识了达西，但是耳闻他为人傲慢，一直对他心生排斥，经历一番周折，伊丽莎白消除了对达西的偏见，达西也放下傲慢，有情人终成眷属。当稚嫩的文笔写下这本书的英文读后感，用青涩而流利的英文与大家分享时，作为妈妈，是惊异的，也是忍俊不禁的。

慢慢的，随着词汇量的增加，女儿阅读英文版的书籍越来越多，《夏洛特的网》《瓦尔登湖》《哈利·波特》《亲爱的提奥》《呼啸山庄》《与神对话》《道林·格雷的画像》……一本本英文原版书籍，迅速充实了家里的书架，也仿佛一层层阶梯，把女儿的英文迅速带到了一个近乎母语的地步。在英国私立高中 Charterhouse 读书的日子里，女儿非常从容地选择了英国文学这门自己喜欢的课，这是很多英国本土孩子都畏惧的课程。

记得女儿说，在英国高中文学课堂的第一节课，老师教给大家写文章如何开头，用的就是《追风筝的人》的开篇："我成为今天的我，是在 1975 年某个阴云密布的寒冷冬日，那年我十二岁。我清楚地记得当时自己趴在一堵坍塌的泥墙后面，窥视着那条小巷，旁边是结冰的小溪。许多年过去了，人们说陈年旧事可以被埋葬，然而我终于明白这是错的，因为往事会自行爬上来。回首前尘，我意识到在过去二十六年里，自己始终在窥视着那荒芜的小径。"当文学老师身着红袍，在充满中世纪仪式感的文学课堂上，用伦敦口音讲出《追风筝的人》的开篇，可以想象，一个中国孩子，她童年记忆中的文章，就这样被老师娓娓道来，那久远却深刻的记忆与老师精辟细腻的解说交织相映，穿越时空，带给孩子的一定是深深的满足感与成就感，学习与探究的兴致也一定油然而生！

就在这文学的天堂，女儿信步、畅游，用优美而纯熟的英文，写下了很多关于音乐、关于艺术、关于欧洲人文的论文，更是在 A-Level 全球会考中表现出色，无论阅读、写作、诗歌、散文、戏剧、文章分析，英国文学各个板块的考试都得心应手，取得了连老师都出乎意料的总分 A^+ 的好成绩，为牛津申学打下了坚实的英文写作功底。

阅读，带给孩子英文的自信与从容，更让孩子看到了书本可以穿越不同语言的力量，从书中得到的那种逐渐积累的自我学习的能力，让孩子学习其他语种时更有了信心！于是，同样的路径，在进入牛津大学后，孩子开始了德语、希伯来语的学习。每学习一门语言，就像世界又打开了一扇窗，窗外的风土人情、音乐人文，包罗万象，不停地向你涌来，带给你灵感，思考……

这一切，不得不感谢阅读带来的力量！

从文学到音乐，从诗歌到散文，阅读，真的是一条捷径，在最短的时间与空间，站在前人智慧的窗口，极大地拓展了孩子思维的广度与深度，让孩子能够沉浸书香，感受中国方块字的力量，更在英文、德语甚至希伯来语的世界里接受异国语言的潜移默化，去探寻异域文化的本真，让孩子的内心更加充裕、沉静，不急躁、不浮躁。感谢这一本本优秀的书籍，睿智、温暖、通透、明亮，它分明就是照进孩子生命中的一束束光啊！它穿越岁月，指引前路，照亮了孩子成长的世界，开启了孩子一生的热爱之路！

牛津，轻舞飞扬的日子

牛津音乐生的生活，紧张、有序、多元而精彩，与很多数理化科的学生不同。

作为非常重要的人文艺术类学科，牛津的音乐学在全球音乐研究中占据重要地位。学术资源极其丰富，学生以英国本地和欧洲为主，其中不乏青年音乐家、作曲家、评论家，高度重视音乐理论研究与实践经验的结合。

牛津是学院导师制，每个学院每年招收音乐学人数不超过三人，以保证教师基本一对一或者一对二的教学。

女儿的音乐导师是一位年轻的音乐学博士，英国人，比女儿仅大五岁，年轻人在一起，更多的是一种交流，女儿很享受与导师的这种平等互助式的学习。大一的课程包括音乐史（中世纪到现代）、音乐分析（18—19世纪）、作曲、风格、和声、写作、指挥、合唱、电子音乐、演奏、美学、欧洲艺术史，课程很多，包罗万象，更有各科老师开出的长长的书单。因此，大一的时光基本就是在课堂、图书馆、音乐厅，在与导师交流、写论文、听音乐会、看歌剧中度过。

牛津大一新生，按照学校规定是必须住校的，每人一个小房间，有共用的厨房和卫生间。而对音乐生，却是格外优待，有可以放大沙发的空间，有独立的卫生间，而且最心仪的是，每个音乐生的房间都配有一台三角钢琴。或许是学校物以稀为贵，或许是牛津沿袭的贵族传统。当女儿第一眼看到那架古朴的、泛着老桐油光泽的古老的三角钢琴时，已兴奋得不知所措。于是，晨练、夜练，在欣喜中开始了每日与钢琴为伴的学习生活。

大一快结束时，小女初试牛刀，课余时间，竟然在英国牛津电台做起了嘉宾，用英文介绍中国文化。节目以中国传统古筝曲《春江花月夜》作为开头，然后介绍了李煜与《相见欢》，屈原与《离骚》，中国的词与赋；

中国的端午节，赛龙舟，吃粽子；中国的七夕情人节，鹊桥相会；中国的除夕和春节，包饺子，看春晚；聊了崔健，还调侃了头条汪，当然还有他们的摇滚歌曲《一无所有》《春天里》……一个小时，全英文，内容丰富且具中国风，和牛津电台的主持小哥也相谈甚欢。

在英国传播中国文化，这是作为妈妈没有想到的，欣喜之余，更多的是为孩子点赞！的确，在这个领域，目前中国人涉足的还是太少。音乐的确可以跨越国界，音乐的交流不应只有郎朗的钢琴演奏，更需要一批跨越国界，精通中西方语言、音乐、文化的人，借助文字的力量，语言的力量，音符的力量，将中国古老而优秀的音乐与文化传播出去，让更多西方人真正了解中国，了解传统与现代文化优秀而独特的一面。女儿在做小小的尝试，得到的却是听众异乎寻常的热烈反响和超级好评。

牛津的学习生活是紧张有序的，但也不乏惊喜。一个周六的清晨，女儿意外地接到了一位摄影师的邮件，自我介绍是英国轻奢品牌 Olivia May 的摄影师，在 INS 上看到女儿的照片，力邀孩子去做他们 2018 春季新品发布的平面模特。没有任何模特经验的女儿向我征求意见，作为妈妈，当然是鼓励孩子去参加的，学音乐与做模特不冲突，所有关于艺术的领域都是相通的。受到妈妈的鼓励，孩子自信满满地去拍照了。换了十几套服装，都是该品牌一位日本设计师的新季新品。拿到照片，看到女儿冷艳的表情，本色的表演，我们虽然相隔万里，她在牛津，我在上海，但是在微信里相互打趣，从来没有拍过这么酷的照片！未曾料，一个月后，女儿有特色的，具有东方书卷气质的面庞，与照片表现出来的冷艳气质，竟然登上了世界时装杂志 *VOUGE*，该品牌的摄影师，也是第一次服装摄影作品被如此大牌的杂志认可！于是，我与女儿又是隔空欢呼！既为孩子玩票玩出专业水平高兴，更为能够帮助品牌和摄影师登上如此重量级的杂志而高兴！任何事情，一定是相互成就的。从此，Olivia May 就与女儿结缘，2019 年该品牌秋冬季服装发布，女儿成为唯一受邀的平面模特，继续为这个英国品牌进行全球推广。

随着孩子课程的深入，涉猎的音乐领域越来越广泛，女儿对于音乐的理解越来越有自己的想法与见解，也在知乎上开设了自己的音乐专栏，不时发表一些专业领域的小论文。中国国家大剧院的音乐编辑，看到女儿的文章，竟向她约稿，为十月份即将来华的瓦格纳的歌剧《纽伦堡的民歌手》做音乐分析与评论。小小的年纪却要写出既专业又通俗的音乐评论，对于一个大一的孩子，也确实是一大挑战。"开门见山，磅礴的铜管轰鸣和强有力的弦乐，勾勒出辉煌的 C 大调，奠基了整个前奏曲乃至整部歌剧明亮的基调；稳健的节奏和主调色彩强的旋律让人联想到一首军队进行曲，而装饰音的使用，如在终止式前的长颤音，展现出瓦格纳对古典音乐风格的致敬……"孩子在文章中娓娓道来，既有专业性，又具可读性，特别刊登在了国家大剧院的官方公众号中。作为音乐生来讲，这真的是一次非常好的音乐实践的尝试。

牛津最为世界所称道的，不仅是它浓郁悠久的历史学术传承，更是它自由、平等与叛逆精神的延续。而其中最具代表性的就是 Oxford Union——牛津辩论社。它建于 1823 年，牛津大学的学生们创建它的目的就是在当时英国的言论自由受到压制的年代给大家提供一个可以无忧无虑地发表言论、进行辩论的地方。随着名气慢慢扩大，逐渐演变成集辩论和名人演说的知名场所，参与者也从教授、学生拓广到社会各界。每周四雷打不动都有辩论，辩题往往充满争议、惊世骇俗。常常有来自世界各国的首相、总统、政界高官、商界大亨、宗教首脑、意见领袖、诺贝尔奖得主、演艺明星开展演讲，各种思潮都曾登堂入室。比如：国家是否应该取缔婚姻？企业应该纯粹追求经济效益还是需要承担社会责任？英国是否为了追求安全而侵犯了公民自由？英国王室是否还有存在的意义？

女儿作为该社团的会员，参加了几次活动，与牛津辩论社的社长也成了好友。其中有两场令她印象颇为深刻。一场是诺贝尔文学奖获得者、中国作家莫言的演讲，他风趣幽默，极其淳朴与平实。关于中国，关于山东，关于他生长的那片有着艳红高粱的高密农村，关于当今文学的式微趋势，关于南北美洲魔幻现实主义，关于文学界的"诺贝尔魔咒"，等等，都娓娓道来，向世界展示了 20 世纪七八十年代中国北方农村的生活，也展示了以不一样的视角来看待世界文坛的中国作家的淳朴思想。对于爱好文学的女儿，真的是一场中国乡土文化的盛宴，对于高中就在国外就读的孩子，也真的是补上了中国文学的一堂课。如此近距离地与中国文学大家接触，孩子自己也沉浸其中，深受鼓舞与感染。

另一场是英国著名演员，《冷山》男主角裘德·洛，帅气而略显忧郁的外表下，却有一颗善良而普众的心。在牛津大学的 union 演讲，他公益代言一个世界性的组织 PEACE ONE DAY（和平一日），号召在每年的 9 月 21 日这一天，世界各地所有战争区域停战一天。为此他们全球奔波呼吁，既游说于牛津剑桥等高级学府，更行走于战乱最危险的地方，以至于连塔利班恐怖分子都被他们说服了，9 月 21 日成为真正的世界停战日。"以最无私的视角，看待自身的 fame，利用自己的影响力做实实在在影响人类进程的好事，是真正的绅士。"女儿在参加此次 union 后极其感慨地写道。

牛津音乐生的日子相比理科生还是悠闲很多，女儿手快效率高，阅读量巨大，与年轻的音乐学 tutor 交流也很频繁，因此几乎一周一篇的论文，在孩子这里，一般很快就会完成，几乎没有通宵加班夜读的情况。课余周末，阳光甚好，牛津小镇有着英伦特有的田园气息，初春刚苏醒的树木，略含咸味的风，玻璃般的草叶，潮湿的土腥味，于是，在牛津窄窄的河道撑船，在学院后花园开满蔷薇花的院落中野餐，都会看到一位东方的女孩，美衣、美裙、美目，尽情享受着牛津的阳光，沐浴在那片世外桃源的旖旎光景中……

周围环境越来越熟悉，孩子的胆子也越来越大。大二的一个周末，女儿竟然一个人背上旅行包，溜出校园，登上飞往耶路撒冷的航班，去她心目中的朝圣之地。远在万里之外的我和孩子她爸，紧张和担忧啊！但也只能默默祈祷孩子一路平安！心底特别理解孩子，尤其是学音乐学艺术的孩子，耶路撒冷一定是一个充满神秘的诱惑之地。"世界好比人的眼睛，眼白是海洋，眼珠是大地，瞳孔是耶路撒冷，瞳孔中映出的人脸就是圣殿。"当那首优美的《金色耶路撒冷》在耳边唱起，徒步于耶路撒冷延伸千年的古街巷，聆听当地受人尊敬的拉比对于真善美的讲述，真的是一场触及灵魂的旅游。年轻时，真的可以有一场心怀虔诚之旅，去感受瞳孔中圣殿的一扇窗，感受金色云层倾泻在耶路撒冷哭墙的那一束光！

电台嘉宾、平面模特、特约音乐撰稿人、牛津论坛、校园泛舟、异域游走……课余时间都被填充得满满的，忙得不亦乐乎。作为旁观者的妈妈，却极其欣慰，也极力支持孩子去做这些貌似浪费时间的事情。虽然不是音乐学的内容，却是艺术与生活的范畴。艺术的相通性，生活带来的诗意，各门类之间互通的灵感，给孩子学习音乐带来的，一定是实实在在的帮助与影响。

"总有些时刻，肖邦瑰丽精致的公子气让我变得计较而洁癖，贝多芬层层施压的父权正统让我喘不过气，瓦格纳及以后作曲家的自我崇拜、救赎、哲学和意识形态之争令我扫兴而疲倦。唯独莫扎特，音乐本初的声音，漫步于轻渺的俗世云间，永恒的平衡感中踏出的每一步都迸发出惊喜的斑斓，勾画出一幅深刻的人性图景——温暖、残缺、睿智、伟大、脆弱、动人的人性。"女儿每每对于作曲家的描述，都细致入微，总能得到导师的好评与喝彩。这不得不说，是牛津多彩的生活带给她那一份敏感与悟性。

透过孩子音乐学生活的点滴，我深深地羡慕与感动：这才是真正的牛津！这才是真正的大学时光！既有紧张的课业压力，看不完的书单，写不完的论文，更有丰富的课余生活，有随时随地与世界名家邂逅的机遇。街角咖啡馆闲坐的一位路人，或许就是哪一年的诺奖获得者；邻居不起眼的小哥，却是在数学顶级杂志发表论文的大神；哲学课堂上侃侃而谈的，既有马拉拉这样来自巴基斯坦的少年社会活动家，也有美丽而睿智的《哈利·波特》里的名演员艾玛·沃特森。而任何人都不必避讳，在牛津这个小城里，大家是平等的自由的，谁和谁都可能成为朋友，没有等级和阶层，剩下的只是思想的火花和灵魂的碰撞。在白衣卿相、不染尘世的朗润年华，愿女儿珍视这段在牛津的岁月：这是你灵魂真正被唤醒，生命格外葳蕤与澎湃的时光；这是你生命内在的光芒真正被激发，心中越来越睿智皎洁的岁月！

作为妈妈，我一直尽自己所能，一直小心翼翼地为女儿隔离了一个近乎完美纯粹的世界与空间，与社会的浮躁疏离，与社会的功利疏离，但其实不知道这个空间还会存在多久，也不知道女儿是否已经离社会世俗越来越近。但即使再近，也希望她能一直留存眼中的那份纯粹与透明，那份热爱与坚持。牛津大三的生活马上就要开始了，依然祝福女儿：葆有你生命中最美的时光，无须任何功利心去填充每一分钟，希望你一如既往地潜心研究如油画般美丽却艰涩难懂的中世纪古法语诗歌手稿；漂漂亮亮地穿梭在各类古典或现代的讲座和音乐会中；繁星点点的深夜，撰写长长的关于瓦格纳的论文；与长得像波格莱里奇的意大利钢琴教授切磋琴艺；与曼城偶遇又成为牛津校友的 soulmate 一起去听牛津学堂听最晦涩艰深的哲学大课……生命中，一定要记得，牛津带给你的这一段轻舞飞扬的时光！

吴婧怡（April Wu）

2013—2015 年	上海实验学校上实剑桥国际部
2015—2017 年	英国切特豪斯公学 (Charterhouse School)
2017 年至今	牛津大学玛格丽特夫人学院音乐学本科

小城男孩 Terry 的牛津成长记

无锡　松子老师

2019 年我儿子 Terry 有幸被牛津大学录取。在被牛津录取的幸运儿中，Terry 的经历是比较特殊的，我想谈谈他的独特学路生涯，或许可以给教育迷途中的家长一些借鉴。

Terry 特殊在哪？首先他不是生活在国际教育发达的北上广深，而是生活在不太有牛津大学录取的小城市——无锡；其次，他不是国际学校的学生，而是江苏省锡山高级中学普高部的学生（学校国内高考升学很强，但是国际升学较为普通）；再者，他没有采用英国方向的 A-Level 课程或者国际课程 IB 课程，而是自学了美国方向的 AP 课程；最后我还想提到的特殊是他的专业是文理兼修的计算机科学与哲学，这是一个新开设的融合专业。它赋予了 Terry 更自由的想象力空间和更深刻的思想，同时也让他获得了更高更全面的学习体验。

下面我将大体按照时间顺序说说 Terry 的成长经历。

小学：中英双母语，家庭就是一个学贯中西的国际教育试验田

我希望 Terry 可以博采众长、学贯中西，所以为他准备了双母语的学习路线。什么是双母语？我不准备采用学术化的定义，我心目中的双母语就是中文与英文都要精通，都能够体悟文学的微妙精巧（如：原版小说的精读），能够用较为规范的语言表达深入复杂的思想（双语输出力）。

首先说说中文学习。幼儿园阶段 Terry 的识字量已经很大了，从小学开

始他进行了广泛的阅读，主要是幻想小说类。郑渊洁的童话给了孩子挣脱束缚、追求自由的体验；《猫武士》里的小猫 Rusty 给了孩子一个复杂环境下保持积极善良的榜样；《哈利·波特》让孩子进入了超能力的魔法世界遨游；还有《国家地理》等科普读物。没有那么多高大上的书籍，更多的是快乐阅读。但是阅读量上来了，孩子的语言理解力也随之提升。

下面我来重点说说英文学习。我给孩子选择的学习模式是"Learn to Read & Read to Learn"，就是学习用英语阅读，在阅读的同时获得新知和生活乐趣，因此我们淘汰了许多经典教材。Terry 幼儿园时已经有了一些英语启蒙，主要是一些经典的英文卡通和童谣。因为经典，所以直到今天，我认为这些英文卡通和童谣资源仍然是儿童学习语言的好方式。2007 年 Terry 升入小学，当时英语学习资源还远没有现在丰富，我们努力给他找了好的资源与学习方式。《小乌龟学美语》就是一个典范，这个动画片把优良品格塑造自然融合在一个个小故事里面，这一点特别出色。其中有一集《富兰克林的考试》令我印象深刻：在拼写测试中，小乌龟富兰克林偷偷瞄了一眼单词卡片，从而得到奖品；可是后来他发现好朋友小熊没有得到奖品也是因为那个单词没写出来，他内心受到了触动；后来他向猫头鹰老师认错了，猫头鹰老师友善地接受了他的道歉。这个故事很有教育意义也很温暖。所以，这部动画片虽然有点久远了，我还是推荐给年轻的家长朋友。我想特别提到一点，就是这部动画片有趣味性，但是又不是那么搞笑哦！

我们把孩子带到这个世界上，不只是为了让他们享乐，还要让他们有作为万物之灵的人类的高贵感。让孩子追求一种超越动物性的品位，在充满痛苦的世界中坚强地活出精彩自我也是我们的追求。有了这样更高的精神追求，孩子就无形中成了尼采所说的超人，可以过更有意义的人生。那么帮助孩子成为超人，也是我们父母的责任。因此，我认为教育中适当牺牲一些浅层次内容也是值得的，当我们追随自己的好奇心去探索深究时，内心是可以得到更高层次的精神满足和内心安宁。

到了小学高年级阶段，Terry 的英语水平已经很不错了，五年级时雅思阅读理解的测试，他就达到了 7 分。也许是他中英文阅读量都比较大的原因，他开始有了更多的思考，他对社会科学产生了浓厚的兴趣。我就和他聊社会科学相关话题，并推荐了哈佛"正义课"给他看，也和他讨论那个热门话题：火车运行的轨道上有多人，为了避免撞人，火车是否要变更轨道去撞向一人，因为另一条轨道上只有一个人。通过讨论我们达成了一致，就是火车不应该变更轨道，因为火车正在运行的轨道上不应该有人在上面活动；另一条轨道上没有火车运行，那个人在上面有合理性，他更可能是一个守安全规则的人。如果火车为了避免撞多个不那么守规则的人而去撞击更守规则的人，那么对守规则的人来说是不公平的。通过讨论式的学习方式给了 Terry 很多启发，我也实现了把自己的学识和对人对事的理解自然地传递给孩子，完成家学和家风的传承。我是我家庭里的第一代知识分子，这种传承对于家庭文化迭代发展意义非凡。

特别有意思的是我们家庭内部把这种讨论式的学习方式称为逍遥派，因为这种家庭讨论交流常常是在散步中进行的，类似于希腊哲学家亚里士多德带着弟子在学校园林中边散步边讨论的交流方式（因此被称为逍遥学派）。Terry 中学时收到了两个来自上海优质国际高中的奖学金项目录取，这两所学校实力雄厚，声誉颇佳，的确很吸引我们，我们也很感谢学校的欣赏和认同。但是我们因为醉心于逍遥派的学习生活方式，最后还是没有接受学校的慷慨 Offer。这似乎是不明智的选择，但是我们自己知道，这样的选择更符合我们的心声。

还有很重要的一点，我还给 Terry 选择了美国语文读本 Treasure 系列教材。这套美国语文教材每个年级有近 1000 页，母语化教材的学习给 Terry 打下了坚实的语言功底。通过这种大量原版学习，Terry 在 15 岁时托福第一次裸考 117 分、写作满分；后来因为托福成绩过期，又裸考了一次托福，总分 118 分，写作仍然是满分。在没有任何培训的情况下，Terry 在后来更难的 SAT 考试也考了 1570 分，我们所知道的那次考试的江浙沪考生最高分是 1580 分。谈到考试分数，我并不是想要炫耀或者强调应试；相反，通过我家大量原版学习自然考出高分的案例，我想告诉家长朋友们：对于托福、雅思、SAT 等国际考试，免刷题应试也有获得高分的可能哦，而且我可以自豪地说，这是一条更美好的道路！

我们家庭的教育模式也获得了一些有前瞻性的家长的认同。为了服务创新教育理念的家庭，我和 Terry 创办了"松子教育工作室"，开设原版英语精读课、游戏编程课和素质拓展课，把我对 Terry 的教育经验结合到工作室日常工作中来，以惠及更多家庭。原版英语精读课夯实孩子语言功底，同时了解世界文化，开拓视野。游戏编程课的游戏项目大部分是 Terry 开发，让孩子们学习编程编制游戏；如此，他们就不是被动地玩别人设计好的游戏，而是自己主动参与游戏开发，能够玩自己定制的游戏，而且孩子编程能力也随之提升。我坚信：做符合教育规律的事情，自然能够赋能孩子的未来。

近些年来，国际教育方兴未艾，既有纯国际学校，也有与中国课程相结合的国际课程班，林林总总，形式多样。但是这些国际学校总目标是按照国外高校录取标准设计，就产生了一些问题。如我了解到一些国际学校学生的中文阅读的质和量都欠缺，甚至有些学生的中文阅读能力都退化了，这不论是从中华文化传承上还是从国际视野上来说都是很大的缺憾。因此，我在思考一个问题，能否有一种国际教育，它既采用优质国际课程，也与华语文化圈的精华有机结合，这样的融合教育就可以培养出学贯中西的新青年。

小升初之痛：教育的真谛是什么？

五年级时候，Terry 参加了无锡天一中学少年班选拔考试。这所学校不但在无锡是最厉害的学校之一，而且在全省也是赫赫有名，奥数是这个学校重要的选拔标准。虽然 Terry 很擅长奥数，但是我喜欢看到孩子把时间浪费在自己喜欢的事情上，所以，我们一直没有在奥数上多花心思。

第一个痛就是为了这个选拔考试我选择了稍从众的方式，Terry 用了一个月的业余时间做了一些奥数习题，时间损失并不算大，但是毕竟有违我们家的教育追求，也是蛮痛的。

后来，Terry 如愿被这所学校录取。但是第二个痛随之而来，Terry 很不喜欢这所学校偏军事化的教育模式，比方说习题量过大、习题偏难偏繁等，也许是学校认为注重训练的教学模式能够帮到孩子在高考中获胜吧。其实不论是成绩厉害，还是高考获胜录取北清，这些都不是我所要追求的教育。我所理解的教育真谛是有闲暇、有思考、从心所欲、学我所爱、爱我所学、为自己赋能，帮助孩子过有意义的生活。这样的理解，其实也体现了我对生命意义的理解，不论世界有多么荒诞无意义，每个人都应该去探究自己的生命意义，把人生过成一场奇幻精彩的历险。

第三个痛是转学，不得不说转学是一件折磨人的事情，它还有一定的不确定性，所幸 Terry 妈妈和我的想法比较一致。为了孩子更有质量的生活，必须转学。我当时的态度是很明确的，先尝试转学，如果转学出了差错，造成孩子无学可上，那我们就让 Terry 当一个自得其乐的失学儿童吧！后来总算遇到了教育领域的伯乐，省锡中的唐校长对 Terry 非常欣赏，也给了 Terry 宽容的个性化发展空间，转学也就有了一个不错的结果。

经历这次转学之痛，我在想，我们的孩子如果被要求在升学考试中胜出，需要完成考试设定的任务，好像打怪过关一样 9 门功课同步学，去完成各个科目的学习；但是为数以万计的孩子设计的考试系统和孩子的兴趣特长哪里能恰好吻合？所以，为了升学，家长往往在教育问题上削足适履，刻意迎合升学考试，这是一种令人惋惜的智力浪费。我希望 Terry 能把宝贵的时间浪费在自己喜欢的事情上，而不是参与拼分竞争。如此笃定地一路走来，Terry 收获了许多成长。现在他在牛津大学的数学、计算机以及哲学逻辑学等学科中都是 TOP 学生，更为重要的是他的学习是内驱而自信的，这也见证了我们当年的坚持是多么值得。所以孩子成长过程中的选择真的很重要；孩子小时候，父母是选择者，因此责任重大！

初中：擅长理科的编程少年

我希望 Terry 大学要学理工科。因为理工科目的发展以及科技公司的兴起在很大程度上改变了这个世界的面貌。华人学生在理工科目上非常强势，理工科也是在就业市场上有力的保障。其实，我希望孩子学习理工科目还有一个更底层的原因，那就是它可以给孩子带来重视理性和逻辑的学习体验。

初中时代的 Terry 特别喜欢编程，也很擅长编程。他参加了学校的信息学奥赛，但是也只是参与而已，并没有投入太多的精力，后来信息学奥赛获得了江苏省一等奖的结果我们也非常满意。Terry 对解出老师编制好的难题并不怎么感兴趣，因为他感觉这是一个被动的学习过程。Terry 更享受当一个编程创客，用科技表达自我，这是一个主动的过程，因为主动，所以内驱。

说起编程，Terry 的学习是比较早的。他在无锡市五爱小学四五年级的时候就学习了 LOGO 语言编程，这个编程语言还有一个通俗的名字叫作乌龟作图，你有足够的思维能力，就可以指挥小乌龟画出各种线条画。那些美妙的图形给 Terry 带来了许多自信和乐趣。

六年级上学期时 Terry 学习了 HTML 编程和 PASCAL 编程，下学期学习了 C 语言（教材《C Primer Plus》），七年级时继续学习 C 语言和 JAVA（教材《Java 编程思想》），初中阶段他还接触了苹果公司的 swift 编程、Python、安卓编程等。这些编程语言的学习，他基本是用国外大学的原版编程教材学习的，母语化的英语给 Terry 的编程学习带来了巨大的赋能。

他掌握了编程技术以后还为爸爸的教育工作室开发 scratch 编程项目，自己教学生编游戏，如"打地鼠""植物大战僵尸"，还有精彩的体感游戏"水果忍者"等，让孩子们学习游戏编程，他把自己的编程学习个例变成了更多孩子的编程故事。Terry 高中学习生活很紧张，他自己用 swift 编了一个时间管理软件；学习声乐需要视唱练耳，他就编了程序让电脑随机播放音符，自己来判断，编程又为 Terry 的声乐学习赋能。编程学习很烧脑也很考验耐心，但是编程学习也给他带来了许多便利、乐趣和赋能，这真是独特的美好体验。

高中：人文社科爱好者

升高二的暑假，Terry 参加耶鲁大学 YYGS 全球青年学者项目，顺便去纽约百老汇看了著名音乐剧《猫》。他一下子被这种音乐形式所震撼，迷上了歌剧音乐剧这类艺术形式。为此，他在高中时还自学了法语、西班牙语、意大利语和德语，这样他就能够用原文演唱歌剧，如用英语唱 Memory、用法语唱《悲惨世界》、用德语唱《快乐的捕鸟人》等，另外能用法语阅读《小王子》以及孟德斯鸠、伏尔泰的原著也是一件非常美好的事情。

Terry 除自学了高中 AP 课程的中国学生常考的微积分、计算机科学、统计学这些理科课程，还自学了中国学生很少考的心理学、英语语言与写作、美国历史、欧洲历史这些文科课程，除了统计学因为只有半天时间临时抱佛脚考了 4 分，其他科目都取得了全 5 分的成绩。

高中阶段的学习是紧张而忙碌的，Terry 在这个阶段对哲学社会科学产生了浓厚的兴趣。而美国 AP 课程里居然没有哲学科目，这就意味着自己的哲学功底没有考试来证明；当然我们还是尊重孩子的兴趣，这样 Terry 就有了更多时间阅读思考。毕竟我认为学习真谛是从心所欲、学我所爱、赋能未来，那么我们为啥要给孩子设限？从升学这个功利角度来看，我的这种不功利做法看似是吃亏的，但是当 Terry 申请牛津大学看学校网站的时候，他激动地站了起来，原来他发现牛津大学居然有计算机科学与哲学专业。天哪！这就好像是牛津大学为他私人定制的专业。人生真是很有趣，追随我心，恰好就是最美好的规划！后来 Terry 在面试阶段也表现突出，录取了牛津大学 Oriel 学院计算机与哲学专业，真是一切都是最美好的安排！

牛津大学：兴趣浓厚，文理兼修

牛津大学对于 Terry 而言是一个处处有精彩的百草园，那么多诱人的社团要取舍，那么多有趣的讲座想去听，辩论赛还要准备，等等。时间怎么都不够用，那就忙并快乐着吧！在牛津大学学习的第一年，Terry 在各个学科上都取得了优异的成绩，数学导师、计算机导师等都给出了很高的评价，逻辑学导师还称赞了他对班级的贡献，连那个难以取悦的（hard to please）哲学教授也和学院院长说 Terry 哲学课程是极端好（extremely well），对他的杰出学业表现表示祝贺。Terry 心生喜悦也十分珍惜，对学习的兴趣更加浓厚了。

牛津大学的 Tutorial 模式是一种导师带着三两个学生讨论的教学方式，这就非常适合 Terry 的学习习惯，因为在我们家庭内部，讨论式学习是经常的，牛津大学导师制教育模式就好像是我们家庭教育的延伸，这种感觉真是太美好。

人生是一场奇幻的历险。感谢上天让我有了孩子。在养育孩子过程中，我自己也有了许多新的人生体验和精神成长。我的奇幻历险是从一名乡下孩子成长为一名理工男，后来又有了文科方面的积累，开办了教育工作室。Terry 也从一个小城小男孩发展出了中英双母语能力，学习了编程，还能感受文学艺术的美好，如今他已是一个帅气的大学生。我自己也陪着他看人文社科类书籍，与他一起讨论，帮助了孩子成长，同时也弥补了我学生时代阅读思考不足的遗憾。Terry 在牛津上学期间，我们几乎每天通话，谈生活、谈电影，也讨论学术。父子情深，教学相长。Terry 长大了，他的阅历见解也经常会对我有启发。我们是父子，也是一对好哥们。

无锡是个文化底蕴深厚的江南水乡，它张弛有度的教育体系给了 Terry 足够的空间和时间走出一条别致而精彩的道路，也让我们全家一起为广大学子探索了一个独特的成长模式。愿所有热爱自由和梦想的灵魂都能拥有一个美好的未来。

程天纬（Terry）

2010—2012 年	无锡市五爱小学
2012—2012 年	无锡市天一中学少年班
2013—2016 年	江苏省锡山高级中学试验学校
2016—2019 年	江苏省锡山高级中学高中部
2019 年至今	牛津大学计算机科学与哲学专业

从心选择　圆梦牛津

武汉　陈　洁

提及牛津大学，几乎无人不知，因其厚重悠久的历史和崇高的学术地位，使这所大学长久以来在全球享有盛誉。两年前我的孩子，非常机缘巧合而幸运地入读了牛津大学瓦德汉姆学院。在此之前，我从来没有奢求或是设想过我的孩子会和如此顶尖的牛津大学发生什么关联，顶多也就是开过玩笑调侃儿子："儿子，看！你们外校门口的广告宣传语——离剑桥最近的学校。剑桥大学在向你招手呢！"

一转眼，孩子已经在牛津大学就读两年，马上就要进入大三了。一直以来总想找机会用文字记录孩子的成长经历，以便能更好展望未来，也能给读此文的家长及孩子们一点启发。

在兴趣特长中培养坚持的品格

儿子的童年时光是在大学校园里度过的。幼儿园及小学也是在大学附属幼儿园及附小就读，所接触的环境比较单纯，老师及家长的素质相对较高。幼儿园期间，参加过很多兴趣班，比如跆拳道、珠心算、国际象棋、围棋、绘画、钢琴。其中坚持最久的就是弹钢琴，我对儿子特别佩服和欣赏的品格，就是他对事物的执着和自律。小小年纪，能够按我们的约定时间按时练琴，自觉坚持刻苦练习，那些琴童的苦恼从来不会出现在他身上。不到小学五年级就以优异成绩考过钢琴十级。作为家长，我并不准备让孩子走专业道路，只是想通过练琴培养孩子的专注力和持之以恒的品格，收获一项技能和提高对高雅音乐的鉴赏力。其间，我们也会带孩子听音乐会，陪伴他参加一些大大小小的演出，获得更多的关注，还曾代表学校参加艺术小人才比赛赢得一等奖，孩子变得更加自信阳光了。

小升初中收获惊喜

坦率而言，孩子一直不是班级里那个最闪亮耀眼的星星。当孩子受到委屈情绪波动时，我们总会开导孩子："这次没选上三好生，争取下次机会。爸妈相信你的实力！是金子总会发光的！"而孩子在我们的安慰、鼓励和信任下一直表现优异。有些事就是那么出乎我们预料，或许是幸运之神的眷顾，孩子小升初在没有任何备考及参加名校冲刺班的情况下顺利考入了无数家长及孩子梦寐以求的初中——武汉外国语学校，从七千余考生中脱颖而出。本抱着参与一下的心态参加选拔考试，结果孩子竟然给了我们大大的惊喜。这应该是孩子人生的重大转折。武汉外校名声在外，提倡素质教育，全面发展，不唯分数论英雄。在这里，孩子的公民意识和综合素质得到很好的发展。初一的暑假孩子参加学校组织的游学夏令营，在英国剑桥大学近距离感受了国外教育和多元文化，也萌生了出国留学的理想。

人生的觉醒期

如果说小升初考入武汉外国语学校是孩子的运气和偶然，那么接下来以优异成绩升入武汉外国语学校高中创新实验班则是真正实力的体现。虽然孩子自认为未发挥最佳状态，但是凭借实力进入创新班，也是许多家长和孩子们的梦想所在。因为清华、北大保送的名单就从他们里面产生，相当于半只脚已经跨入了清华、北大的校门。《平凡的世界》的作者路遥曾说过，每个人都有人生的觉醒期，或早或晚。就在高中一年级，迎来了儿子的觉醒期。就在大家艳羡不已的目光下，一天儿子突然告诉我："妈妈，我不想成为应试教育的牺牲品，每天刷题把本有的兴趣都抹杀了。"我回答道："那你有什么想法呢？""我希望有机会体验国外的教育，我想去美国读高中。"儿子回答道。经过我们父母的全方位对比和仔细斟酌后，虽然觉得放弃眼前触手可及的上国内清北名校的机会特别可惜，但由于孩子的志向不在文科，而是对天文学方面的研究很感兴趣，仅仅为了名校的头衔而牺牲孩子的快乐是得不偿失的。最后依然决定尊重孩子的想法，实现他读美高的愿望。另外孩子原本就有去国外读本科的打算，如果提早几年接受美高教育，提早适应，对于升入美国大学也是加分的。于是我们选择了美国高中交换生项目，从决定到成行仅花了不到半年时间。

体验美高的精彩

2015年7月孩子走出国门，如愿以偿进入美高就读11年级。在语言上没有任何压力，学习上也非常轻松，这也得益于国内外校打下的坚实基础。美高开阔了孩子的眼界和思维，除了选课走班制学习，也有各种社团让你找到自己的兴趣特长所在。说起美高，最应该感谢的是儿子在美国的爱心家庭。他们是高校教师，在初来美高的日子里给了孩子父母般的关爱和温暖。儿子和我们都由衷感谢他们的帮助。

孩子在美高期间积极参加各种志愿者活动，在天文馆做讲解志愿者、辅导当地社区小学生，为所在社区作贡献。此外，儿子还有幸参加了由学校选送的美国印第安纳州数学奥林匹克竞赛和学术超级碗竞赛，均获得金牌，为学校赢得了荣誉。

在美高的两年对于孩子的批判性思维的发展和领导力的培养起到了关键作用。由于他所在的学校毗邻波尔大学，儿子参加了他感兴趣的天体物理等大学课程，提前熟悉了美国大学的授课模式，也大大拓宽了知识面。

儿子在美高创立了数学物理社，任社长。担任美高校刊的主编，积极撰稿，所写的文章被当地媒体 The Star Press 发表。同时，他也积极参加学校篮球队的训练。2017 年 6 月，儿子以优异的成绩从美高毕业，成为荣誉学生。

这两年中，孩子成长了很多，沟通能力、领导力、思维能力、时间管理能力等进步了很多。美高的挑战之一在于既要保持 GPA 优秀又要兼顾社会活动和领导力，与此同时要完成 AP 课程及标化考试。11 年级的暑假就得着手申请美国本科，需要考察自己心仪的学校及书写申请文书。好在孩子特别有时间规划，每一步安排有条不紊，使得他在一般人眼中繁忙紧张的申请季倒显得有些悠闲自在。临近毕业的时候，有一门选修课程，竟然是玩游戏。早就听闻美国教育绝不是培养只会做题的 Nerd，而是培养具有通识教育背景下的跨学科知识的综合型人才，由此可见一斑。

本科择校时甜蜜的烦恼

孩子 DIY 申请的英国五所大学，最后都获得了 Offer。分别是：牛津大学、帝国理工大学、杜伦大学、华威大学、伦敦大学学院。最早收到的是 2016 年 10 月份华威大学的 Offer。隔着万水千山，我们一起激动地庆祝，由衷地佩服儿子。接着，美国大学也向孩子伸来了橄榄枝，邮件和 Offer 接二连三，圣母大学、佐治亚理工学院、凯斯西储大学、科尔比文理学院以及加州大学伯克利分校、洛杉矶分校，等等。2016 年 12 月份孩子申请了牛津笔试考试，过了两周左右收到面试通知。面试了两场，第一场感觉简单，第二场有点难度。当时儿子有一题，没有立即做出来，经过导师的点拨顺利解答对了。2017 年 1 月中旬，收到孩子发来的喜讯，"我收到牛津的 Offer 了！"我们作为父母由衷地为他骄傲和欢呼！面对众多的美本 Offer，我们着实为孩子选择哪一所就读而烦恼。同时也让我们有些不解，最初奔着美国名校去读的美高，怎么现在录了好多美国一流大学又准备放弃呢？

对于这个问题，孩子是这么看的："因为在美高体验了两年的通识教育和多元文化，也想去英国体验一下不一样的教育和文化。也想见识一下有着悠久历史的顶尖的世界名校，牛津大学是我的梦想学校。"美国培养的是通才，英国培养的是专才。儿子当时非常确定自己的专业选择——物理。在权衡多方面的利弊，作为父母我们依然尊重和理解支持孩子的选择。OK，选择牛津，只要你是 Follow your heart! 不要让青春留下遗憾。

圆梦牛津

2017年9月底，孩子踏上了飞往英国伦敦的航班，由机场坐大巴辗转来到牛津小镇，立即被这个宁静和充满书香味的地方所吸引。映入眼帘的是繁华又不失内涵的街道，古朴而又有书卷气的建筑，这就是梦想开始的地方！通过两年的学习和生活，孩子逐渐适应英国教育体制，有些类似国内的应试教育，但又比较注重解决问题能力的培养。在这所非常传统的大学，每位学生有 Tutor 和导师，师生比几乎一对一、一对二。这是在国内难以媲美的。每次考试或者重大活动，会要求学生们穿上长袍。非常有仪式感哦！学院也会定期举办 Formal dinner。最让人暖心的是大一大二的学生都有 Family parents。问及孩子对学校的看法，学院之间有些藩篱，选课可能没有美本的那么自由。就专业的深度而言，本科阶段就已经相当于美国研究生水平了，教育质量还是挺好的。我安慰孩子：既然选择了牛津，就要好好珍惜，多利用学校的资源和优势，多看好的一面，克服不尽如人意的地方，能够提提建议改善也是好的。过了几日，得知儿子竟在校报上发表了一篇名为 *Oxford has become an exam factory* 的文章，呼吁学校在选课上更加宽松和 flexible。仔细想想，这也是牛津的开放和包容、伟大之所在吧，也从另一方面反映出牛津大学在学术上的严苛和正统。让我非常欣慰的是，孩子一直非常努力去适应着英式的教育体系。大一暑假孩子成功申请了研究项目，大二拿到了 First 奖学金。我深知在成绩的背后蕴含了孩子辛苦的耕耘和付出。欲戴王冠，必承其重。孩子已体验到在知识的海洋里自由遨游的乐趣，距离通往学术殿堂的道路越来越接近。

儿子，祝福你！希望你能坚持自己的信念和梦想，成为你想要成为的自己，做一个有价值和对社会有贡献的青年！未来可期！相信你的明天一定会更好！

舒方霖

初中	武汉实验外国语学校
高中	武汉外国语学校、The Indiana Academy for Science, Mathematics, and Humanities
本硕	牛津大学瓦德汉姆学院物理专业

独立自信迈进牛津

北京　陈建新

时光飞逝，转眼间我的儿子在英已经六年。顺利从牛津大学毕业，取得了硕士学位，目前就职于伦敦一家金融咨询公司。

儿子的求学之路颇有些与众不同，他的父亲说起他来总是充满着自豪：这小子，小学、初中、高中哪一个阶段都没正常读完……而幼儿园却比别人多上了一年！

小学五年级结束，作为尖子生，被北京市育才学校初中部提前录取；后来正式入读北京二中分校，初二结束时又提前进入北京二中第一届"2010航班"学习（"航班"是学校选拔的尖子学生，寓意起航高飞，目标北大清华）；到了高中二年级结束，最后一年又一次不走寻常路，申请退学，经过自学 A-Level 课程、雅思，通过英国驻华大使馆文化教育处组织的招生面试，被英国名校贝勒比斯学院（Bellerbys College）录取，用一年的时间攻读完成了英国学生两年的高中课程。

英高生活

2013年9月5日，我陪着儿子到达伦敦，前往贝勒比斯学院布莱顿总校报到。贝勒比斯学院是一所国际学校，招收来自世界各地的初高中生和预科生。布莱顿校区是总校，专门为中国学生配备了中国老师照顾生活，并为未满18岁的学生提供监护服务。

入学后，儿子生活、学习各方面适应很快，在课堂上迅速准确的反应赢得了同学们的尊敬、老师的欣赏。开学不久就参加了全英高中奥林匹克数学竞赛初赛，获得了满分125分，创造了该校历史！在教学楼楼道里，认识他的同学拉着他介绍给每一个人：这就是那个125分！他笑言，连清洁工都认识他这个125了！良好的开端，给了他充分的自信，为他马上开始申请牛津大学起到了积极的作用，校长还亲自为他写了推荐信。

数学，一直以来是他的强项。他从小对数字敏感，别的小朋友学前认字、背古诗，他认车牌号、做加减法。上学后，学校开设了一些课外班，我们征求他的意见时他选择了奥数班。三年级经学校推荐参加著名的仁华学校招生考试，每个周末都有一整天在人大附中上课，难得的是三年一次课都没有缺席，始终兴致盎然。上了初中后，我认为不需要再上奥数了，可是他坚持继续，并参加了北京市、全国的竞赛，都取得了不俗的成绩。这些为他在英国高中奥数竞赛中一鸣惊人奠定了扎实的基础。可惜的是，因为是外国学生，不能进入下一阶段的竞赛，就此止步，踏踏实实地学习，准备大学申请。

在英国，牛津、剑桥两所大学先于其他大学开启报名通道，9月15日开始，10月15日关闭。因为各种原因，我按照原定的日程返回了北京，留下儿子在那边独自奋斗。但学校和导师非常负责任，认真仔细地分析了他的情况，他的各时期的成绩，结合英国UCAS的申请程序，建议他申请牛津大学，并在申请提交后，专门有针对性地指导和培训，参加前续考试、指导面试，等等。最终，儿子成为2014年学院总校区唯一一个被牛津录取的学生，名字镌刻在了学院的光荣墙上。

高中期间选择退学去英国读高中，对于我们来说是一个艰难的决定。高中一年级时候想的是参加高考，然后去香港读大学，这样我这个做妈妈的能随时去看他。但听了几个招生讲座之后，他认为香港有优势也有局限性。经过家庭讨论，最终我们尊重他的选择，一致同意去英国。

随后，我们进行了认真的选择对比，为他报了一个小型补习学校，开始自学 A-Level 课程，而我又开始密切关注英国的各种招生信息。偶然间看到英国驻华大使馆文化教育处组织了一场英高的招生活动，觉得可以去了解一下。我把消息告诉了他，他穿戴整齐就和同学一起去了，我和他父亲去了另外一个国际高中参观。

这场英高的招生活动的主办方是英国大使馆文化教育处，招生的学校是英国著名的国际学校贝勒比斯学院（Bellerbys College）。活动过程中，他给我打电话，说校长要见我们。我心里咯噔一下，心想娃被忽悠了！赶过去和校长交流，校长从语言水平、表达能力甚至穿着打扮都对他评价颇高，邀请他报考，并承诺给予奖学金，免除一年的学费。我当时提出一个初步想法：如果去，只能是读一年的 A-Level 课程，而且我相信他能够顺利完成。其实就是出难题，不想去。没想到校长答应回去和总校讨论并推荐我们到总校区，因为校长所在的剑桥校区没有一年的课程。回到家里，我们召开了家庭会议，我担心年龄小，如果读两年又凭空多出来两年的经济负担，还有就是如果现在过去，这边的高中毕业证书就拿不到且必须退学！也许儿子看到我已经和校长谈了读一年的想法，也许校长的赞赏给予他信心，更多的是经过半年的自学和已经取得的成绩让他充满自信，他表达了自己的愿望和信心，还给我们分析了过去的各种优势，最终说服了我们，主要是我。决定作出后，我们做了明确的分工，儿子负责好好专心学习准备各种考试（A-Level、雅思），我负责搜集调研各种英国国际高中的情况，搜集整理出来后再一起分析，申请了几所学校，最终还是决定选择了英国名校贝勒比斯学院。

备战牛津

接下来的几个月就是备考了。一开始决定去留学，我们一家的意见是不一致的。他爸爸认为美国经济发达、技术先进，建议去美国；我认为英国历史底蕴深厚，留学不仅仅是学习知识，更要感受悠久的文化；儿子自己更喜欢英国的绅士气质、文化氛围，甚至优雅的伦敦腔。最终我们全家达成了一致意见：去英国，而且必须是一流学校，目标牛津剑桥！

牛津、剑桥的申请，除了必要的 A-Level 成绩之外，很多专业需要单独提前考试，就像我们清华北大的自主招生一样，这个成绩甚至比 A-Level 成绩还重要，是申请的前提。我们因为在国内自学时没有专业的指导，错过了剑桥要求的 step 考试，如果此时申请剑桥，就需要在第二年的 A-Level 考试季的同时参加 step 的考试。本来他就是要一次考完英国学生两年的所有科目，还要提高雅思成绩，再参加 step 考试，压力就太大了，不确定性陡然增加。牛津大学数学系的提前考试 MAT 则是在 10 月份，指导老师认为这个时间对他来说是合理的，把握性更大。经过认真的讨论、分析、比较，最终儿子决定申请牛津大学。在接下来的 MAT 的考试中，儿子取得了优异的成绩，很快，收到了牛津大学的面试通知。远在北京的我和他爸爸激动异常，相比儿子却淡定很多，已经着手准备下一步面试了。

面试录取

2013 年 12 月 6 日，接到了牛津大学面试通知，他 18 岁生日也同时在异国他乡的面试准备中独自度过。圣诞节前夕，他只身一人前往牛津，住进了学校安排的 Mansfield 学院。三天面试的具体情况，儿子只是在回国后轻描淡写地告诉我：两位导师出题面试，现场解答，他很快给出答案，然后导师就他在北京二中时做的一篇论文《几何动艺——数学之美》展开了讨论，现场聊得很嗨。"几何动艺"是他在高中时参加的学校社团之一，由中科院院士郭慕孙在北京二中开设的"几何动艺"实验室，探索数学与艺术的结合，儿子依据此理论设计制作的一只被咬了一口的苹果（对，就是那只著名的苹果的样子）悬挂在了校长办公室里。

2014年1月24日，儿子如期收到了牛津大学的 Conditional Offer，4年数学专业本硕连读，没有要求雅思成绩，这是他一年的英国高中经历和面试时流利的英语表达所带来的优势吧。在接下来的学院选择时，儿子仍然选择了面试时的学院，有点一见钟情的意思了。这个学院在牛津30多个学院中经济条件、学术成绩、规模大小都居中，他父亲说喜欢这个英文单词"Mansfield"（"男人的天地"），那么，勇敢地去实现自己的梦想吧！从父亲肯定的目光中，儿子更坚定了他的选择。父母的支持让儿子充满了自信。

2014年8月15日深夜，在家守候着的儿子收到了 UCAS 发送的牛津大学最终的 Offer！

走进牛津

2014年10月4日，带着我们的嘱托，儿子正式迈进了牛津大学，参加了隆重的开学典礼。我们看着儿子穿着学士袍的照片热泪盈眶：我们的儿子，经过自己的努力，终于实现了自己的目标！

进入牛津学习的第一个夏季学期，儿子因为成绩优秀被学术委员会授予200英镑奖学金，穿上了一等学士袍（根据成绩不同，袍子的款式也不一样）。再次让我们感到无比欣慰。

2018年春节，我们来到牛津，第一次和儿子度过在外的中国年，弥补几年来父母陪伴的缺失！2018年7月17日，我们再次来到牛津，参加儿子的硕士毕业典礼。在庄严的乐曲声中，在古老的神圣的殿堂里，儿子身着一等长袍，大踏步地第一个走到学院导师身边，握手、站好，聆听校长的毕业嘱托，接受牛津大学授予 MATH MASTER 学位。那一刻的我们感受到了无上荣光！

2018年9月，儿子顺利在伦敦入职！

精心散养独立自信

宽松的成长环境,父母的信任,始终都是他坚强的后盾和自信心的源头。曾有一位从事留学教育也是留学生家长这样评价我:"你这就是表面放松,内里发暗功。"——用现在流行的话语,就是"精心的散养"吧!我们做得最多的,是从小对他独立、坚定、自信的培养,养成了自己安排自己的学习、生活的习惯和能力,遇大事能和父母共同探讨,孩子能接受父母的合理化建议,父母也能够认真倾听孩子的内心想法,形成良好的互动。

他小时候,我教他整理书包,第一个星期手把手地教,一周后就不再看他书包里的情况,除非是他让我帮忙拿东西。后来他高中同班的女同学感叹:超的书包比我的还整齐。我们很早就告诉他:"学习是自己的事情,不是父母的事情,妈妈保证不会因为你的成绩不好而责罚你,但你要知道学生以学为本,学习成绩好坏是检验你自己学习成果的一个标准。"上学后听写作业我管得很少,他可以抄写我负责签字,但要保证自己会;作业我基本不负责检查对错只负责检查页面的整洁和签字;做得最多的就是帮他在考试前背背英语单词;在高中有一段时间学习上出现了一点问题,我督促他学习的时候,他回答我说:"妈妈,你现在来管我的学习我有点不习惯,放心吧,我会自己安排好的!"

我们都很反感给孩子报各种各样的补习班,课外班根据他的兴趣和自己的需要来选择,不盲目跟风攀比……但是孩子自己的选择是绝对尊重的,除了数学,从幼儿园开始,他也喜欢儿童画,一路下来铅笔画、国画、素描、油画,一直坚持到英国留学,并拿到了文化部中国艺术科技研究所颁发的"社会美术水平考级证书——素描八级"证书。

虽然是"散养",但是孩子心理上的成长是我最关注的重点,时刻没有放松,尤其在青春期,多和孩子沟通,了解他的想法,所以在成长过程中虽然有着这样那样的冲突发生，都能够及时沟通，努力解决。作为父母，从小到大，我们没有逼他成为我们想要他成为的样子，而是静静地耐心地引领、疏导、等待，让我们的想法潜移默化地影响他。我们走在路上，看着路旁的小树，我说："你就像这棵小树在茁壮成长，但在成长的过程中，难免会有些枝枝杈杈长歪长错，这时候就需要园丁去修剪。爸爸妈妈老师就是你的园丁，批评教育就是在修剪，这样才能长得笔直，长成参天大树。"

渐渐的，他的独立、坚强、自信，让我对他充满了信任。入读牛津没有陪着去面试，没有陪着去报到，没有过多地介入工作的申请，让他没有过多的束缚，按照自己的安排，放手一搏，去实现自己的理想。

在2018年夏天参加牛津毕业典礼后，我们特意去看了儿子即将入职的公司。高楼林立之间，有一种自豪，也有一种期望，期望我的儿子长大成人了，踏入社会，面临残酷的职场竞争，还能够一如既往的坚定自信，面对风雨，掌控自己的人生！

王子超（Jim）

2002—2008 年	北京市育才学校（2007 年六年级进入初中部学习，称"小九班"）
2008—2010 年	北京市二中分校（初中部）
2010—2013 年	北京市第二中学（初三进入高中部）
2013—2014 年	英国贝勒比斯学院读一年 A-Level 课
2014—2018 年	牛津大学曼斯菲尔德学院数学系

世有伯乐，然后有魔法学徒

大连　刘丹

在谈到抚养和教育子女的问题上，父母都有期待，也难免会有不知所措甚至焦虑的时候。回顾女儿的成长，如何明确目的和做出选择可能是我们常常要思考的关键。

童年的陪伴和发现

新生命即将来临的时候我在外地工作。尽管公司和薪酬都不错，但综合考虑家庭和孩子的成长之后决定辞去职务。不过，最初我是准备带她一年，等她长大一些了，对别人的依赖少一些，再开始工作。

自己带宝宝是人生中最重要的决定之一。对于一个人是怎么成长的，我一直很好奇。目睹宝宝成长的每个"第一次"，回头看，我很享受这个过程，收获太多的惊喜和探索的乐趣。做那些从零开始没有具象目标结果的事情，可以不断观察、思考、调整。最终的结果往往超乎想象。

那时完全没有生儿育女方面的知识，好在有母亲做指导，我也买来几本书籍看。得益于她是医生，我和宝宝的健康情况总是感觉有人可以托底。一年的时间，本应稍纵即逝，但在生命之初的第一年却是那么漫长。当你冲着小人儿说了一年多的话，她不给你回答一个字，只有表情、动作和声音，让你猜测解读。那一年里感觉把一生的话都说完了。在婴儿床里，她找到最喜欢的娱乐是使劲挥动小手小脚，使得小床上挂的玩具通过床的颤动而动起来并发出声音。

一岁多以后，完成肢体的自我控制，语言如开闸，孩子进入个性、思维和智力的发展期。这也让我做出另外一个决定，拒绝了待遇很不错的工作邀请，和孩子一起成长到她三岁。之所以考虑到三岁而不是更久，是觉得三岁后小孩开始进入幼儿园应该过群体生活了，他们应从小适应与他人交往，避免独处孤僻，父母和孩子最好不要总在一起互相牵绊。

宝宝是怎样了解世界的呢？游戏和视听。拼图、搭积木、涂鸦，一切动手的都是经典游戏。在她自娱自乐的时候，播放的儿歌故事和电视节目，都不会逃过她的耳朵和大脑。她是难以置信的小复读机。记得在两岁左右，她会把一岁时听到的儿歌一股脑全部讲出来，即兴自编歌舞连续半个多小时，逗得全家哈哈大笑。拼图搭积木的时候反反复复，拼好了一拳拆开再拼，再拆开再拼。每次不是简单的重复，会有多样性和难度升级。一个几块钱的中国地图拼图最初是按正面有文字图形和颜色的提示拼出来，后来自己把它翻过来，在没有文字提示并且图形完全反转的情况下拼好。这个时期是没学认字的，所以幼儿的这个能力一直是谜之神奇。她可以这样专注地玩很久，直到自己玩够不想玩了。她投入一件事情的时候我们尽量不打扰，我想专注力是这样养成的吧，在专注的时候可以深度思考。学习与游戏之间的规则是一致的，玩耍的规则奠定学习和做事习惯的养成。

两三岁是第一个令家长们非常烦恼的"叛逆期"，也是第一个需要谨慎引导的阶段。主要表现会是"任性"。相比传统教育中教会孩子最好要听话，我们其实希望孩子是有个性的。但当这个阶段到来的时候还是会有点措手不及。毕竟宝宝从吃睡玩一下子小宇宙爆发，各种想法、自我意识都会接踵而至，不按大人的思维行事。作为家长，心态平和些，放手让他们去做，避免"管"得呆板了，注意安全，该有的规矩尽量讲道理解释清楚并在前几次的时候协助孩子做好，就不会再成为困难的事情了。

孩子在幼儿园里是个顽皮女孩，放学后在操场上尽情去和小伙伴儿玩个够，秋千、转椅、爬梯……常常到没人玩了才回家。在户外尽情地释放，既锻炼了身体,又能融入一个集体环境,让孩子在人群中学会交往交流。所以女儿从幼儿园开始,回到家后都会讲很多学校的事情,常常讲得绘声绘色,我们享受着听故事的乐趣,很少需要和老师联系了解情况。她上幼儿园以后我也重新开始工作,尽管后来断断续续有几年我每年都在外地工作一段时间,但是这三年朝夕相伴的时光让我并不担心短暂分别时她的成长和我们亲情的维系,她也随着一起去了些国内外好玩的地方开阔眼界。

生命之初的前几年打下关键的基础,明确目的,希望她成为一个身心健康、乐观豁达、善良坚毅、谦虚自律、个性自由的人。学业成绩很大成分依靠天生资质,有擅长和不擅长的方面,我们能做的有限,但可以帮助孩子积累智慧,这是坚持始终的原则。

小学"上书"换学校

经常有同事和朋友问我,当时是如何给孩子选择学校和课外班的。我们小学选择了学区内的公立学校,主要考虑小孩子以健康安全、生活方便为首选,可以安稳地度过几年没有太多学习压力的时光,把时间更多地用在兴趣爱好上。她小时候曾学过钢琴和绘画,参加过游泳和打球。艺术和运动可以丰富生活、锻炼身体,但不必面面俱到太苛求。学习上中上即可,让孩子张弛有度。

学琴没有选择去少年宫找名师,而是请孩子喜爱的年轻老师到家里指导。绘画班就在马路对面,学画时间不多,但女儿非常喜欢素描和水粉画,有一幅毛茸茸的大熊猫最动人。坚持时间最久的,是一个国际英语教学机构的外教课,女儿一直喜欢去。不是为了升学考试,只是为补充教学体系中缺失的原汁原味的语言。我曾担心外教的形式太天马行空,但从孩子写的文章看是比学校所学更有思想有内容的。就近原则让父母和孩子都节省很多时间,所以在学习、兴趣爱好、运动、娱乐、工作和旅游方面我们觉得不难平衡。

她上学时总是开开心心的，帮老师跑前跑后去做各种事情，办公室、校长室、教务处总有她的小身影。我偶尔会担心"杂事"会牵扯学习精力，问她：老师为什么总喜欢找你去办这些事？她不假思索：老师觉得我能把事情办明白呀。这个习惯从小学一直保持到高中。相信这种办事能力的培养也帮到她面对后来的更严峻的挑战。

在小学低年级的时候孩子们差异不大，但是到高年级就慢慢显现出来了。第一次转折，孩子"上书"进言，四年级、五年级两次要求换学校。一个小小人，认真地写了一封信给爸爸妈妈提出这个请求。四年级的请求没实现，因为我们那时觉得换学校意味着要找门路读私立还离家远，小学阶段没必要。五年级她继续"上书"！真是个倔强的小女孩。这是为什么？孩子到小学高年级发生了什么变化？原来是出现小朋友骂人、欺负人的现象了。

孩子在这样小的年纪就能意识到自己想要什么以及怎样做出改变。很庆幸我们没有忽视，但也切身体会到学区的苦恼，奔波看房，考察学校。

也许当时没有想到，但是这一次成功的转学，开启了女儿未来的灿烂人生。

令人留恋的初中生活

从六年级一直到初中，学校教育培养了良好的学习习惯，笔记记录清晰，对错误分析总结，有问题就和老师同学讨论，注重学习效率。女儿没有上过持续的校外补习班，免去了四处奔波赶场之苦。在考虑校外学习或活动时，尽量与校内互补而不要叠加。相对于金钱的投入，更重要的是时间的投入是否值得。

和同龄孩子一样，女儿平时也迷恋玩手机。我们虽然觉得不妥，但并没有强求，希望她能够自己知道该如何处理这件事情。到了初三下学期，为初升高备考，她主动把手机交给我们"协助"监督。考试前，有时候还会约上同学去玩游戏放松。看到她善于规划安排，张弛有度并在关键的时候如此自律，我们既吃惊又深感安慰。

学习之外，她还喜欢《水浒》和《三国》，看了许多遍电视剧和原著，喜欢那些足智多谋、善良勇敢、有豪情讲义气的人物。里面的人物她能讲得妙趣横生、活灵活现。

中考前她自己定了大概可以实现的目标，争取不用指标考上目标高中。中考的时候送她去考场，别人在静静地等待入场或看资料，她却帮不能到场的班主任老师在人山人海中统计同学们是否都到了。为避免意外情况，老师负责一个考场，她负责另外一个考场。进去考试前她交给我一张名单，上面已经标注大多数到场的同学，让我告诉老师还有哪几个同学没看到。我真担心，这哪是备考的状态呀，还操心这些杂事。

但就是这么个放松的状态。中考后我们从南方出行回来查到成绩，觉得不用指标的目标应该是妥了，轻松地去学校拿成绩单。一切都很平常，直到一两个小时后全市的中考排名出来。当年四万七千名考生，她是全市中考总分第一，数学和体育满分。

家庭教育在一生中应该是一种滋养，父母不过多过问或强迫去做什么，但方方面面有些润物细无声的教诲，这些很多是学校教育、培训机构或别人给不了的。家里长辈也都是通过日常生活中的大小事情给予孩子最亲的爱的感受。所以我们坚持在能够有选择的情况下，尽量不寄宿，尤其在孩子小的时候。工作忙碌，但都争取回家一起吃饭，家庭共度时光之后各自学习、工作。周末和假期安排好出行计划。父母无论忙碌与否，权衡好"管"孩子的范围和深度，让孩子有张力。

无法预期的高中

初中是忙碌的，但整体还比较轻松，精神压力不大。孩子比较适应体制内的教育，没费太多心力也可以驾驭。另外，体制内的基础教育优点突出，那就是基础非常扎实、学科广泛，校内活动丰富多彩，所以那段时间留学的打算就暂时没再考虑。

可到了高中一下子变化很大。没多久，老师表示：她只用了四成功。这不行啊！学校是希望从开始就开足马力冲过去的，老师也是尽职尽责用心良苦。可女儿却说：我不能把时间都用在学习上！为了参加学校社团，在给老师的保证书上，她保证下次考试年级排名前一百，被老师退回来，重写要保证年级前五十。老师可能也真是拿她没办法，就只好这样接受了。于是她开始了各种社团活动，报名参加学生会和模拟联合国。

同时，我们开始思考不同的教育体系。女儿翻阅了英国高中 A-Level 的教材之后决定学习这套书，并选择基础数学、进阶数学、物理和化学作为申请大学的课程，计划利用周末、晚上和寒暑假的时间在两年内完成。同时，继续在高中本部上学，既辛苦又有些残酷，但这个高中是她最不想放弃的，学校里有很多她喜欢的老师和同学。

自己做的选择，什么困难也拦不住，干劲十足。两套体系并行，但也相辅相成。体制内应试教育的系统性、规范性和高质量为国际课程的学习奠定了重要的基础。英国的体系更有开放性，没有复习题练习册和考卷这些题海战术，唯一可以做的习题是每年考试的真题，被视为珍宝，孩子们甚至不舍得提早做完它。

在本部理科分班中，权衡数学和物理的综合成绩，她的物理比数学稍好些，进入 A 班。但是课后没有时间写作业了，跟老师商量：我准备出国，时间的原因，可不可以不写您的课程作业？孩子坦诚地与老师商量，老师也通情达理，这样的师生关系难能可贵。

高中要出国的学生因为精力和重点转移，继续在校内读书和考试其实或多或少对班级成绩有点影响。但女儿没有表现得懈怠，两次分班都在 A 班，物理成绩保持得不错，高二数学依然能考到年级前十。为此班主任在家长会上拿她做榜样鼓励大家：人家要出国了还能坚持拿到好成绩，其他同学加油！

最忙碌的时候，她白天在高中本部上学，晚上和周末在国际学校上课，同时作为校学生模拟联合国秘书长负责组织事务，举办全市高中几百人的模联大会。

国际课程和申请大学的坎坷

关于留学目的地，起初定在美国、加拿大或者澳大利亚。最终选择英国是很意外的机缘，也是女儿自己的决定。其实当时我对英国的了解仅限于两个人，一位是牛津大学毕业的英国老板，我们多年前曾一起共事；另一位是我父亲，80年代的时候在英国工作过。我们对于英国的大学，则知之甚少。

读国际课程专业教材全英文学习，老师授课认真负责。有几个小插曲，孩子找学校商量后学校开明地接受了意见调整了教学方法，从同学们最终取得的成绩来看是很有效果的。孩子把主动权掌握在自己手里不被动接受教学，这既是对自己和同学负责，也对学校有益。

高二下学期高中会考结束了高中教学，看到她很长一段时间悠闲的样子我们内心有些担忧，但是她的节奏仍然由她自己把握。

申请大学是个非常重要的环节。英国最多申请五所大学，牛津剑桥本科不能同时申请，要权衡好保底学校、目标学校和梦想学校。因为就读学校缺少申请牛津剑桥成功录取的经验，申请之路很多方面是她自己摸索和找资源，包括选专业、选学院、申请、面试，等等。但申请环节出了问题。从十月中旬申请提交后一个月没有收到一份offer，也没人知道发生了什么。后来才发现，文案提交的申请材料出现了严重的缺失和错误，一些记录被删除，也没有及时在系统中修正错误信息和补交材料。发现问题后，女儿马上联系每所大学，一个一个打电话发邮件，英文沟通解释，一步一步查漏洞、补充每份缺失的材料。女儿在学校老师面前没有责怪，冷静地把事情和大家逐一解决，把痛苦藏在心里，回到家才忍不住痛哭。从发现问题到解决问题前后仅一周的时间，最后关头走出谷底。

在补充完善申请材料的第二天，便收到牛津的面试通知，这也是面试名单确定截止的最后一刻！紧接着，其他几所申请的英国学校的预录取纷纷寄到。三月 A-Level 公布所有成绩，港大免面试给了录取 offer，还附带全额奖学金。不久，收到牛津正式录取。就这样，女儿一点一滴、一步一步走出来，面对阻力从未轻言放弃。学校为她出色的努力成果给予了奖学金。

体制内和体制外教育的优劣和选择一直是热门话题。但仅以考上大学为终点来看待可能不够客观完整，这只是走过了中场。仅从读书求学来看，有几点思考和反思：

第一，中国体制内教育辅以国外课程，坚实而全面的基础加上多元开放的思考方式的启蒙，犹如精致的中餐配上几道开胃的西餐。

第二，应试教育按分数评比选拔，而英国的教育体系相比之下是参考分数段，牛津剑桥还有面试，择"优"的角度有些不同。

第三，现在中国的教育有很多方面令人欣慰，尤其在育人方面，孩子大部分的时间在学校，所以教育主要归功于学校、老师和孩子自己的辛勤付出，老师真正成了孩子的良师益友，起到重要的启蒙和导师的作用。女儿每年放假都会去看望教过自己的老师或保持联系。

第四，每个孩子都不同，需要真正了解他们。家长多关注孩子、倾听孩子的声音但少"管"孩子，这样在关键问题上把关就好。

第五，多元优质的教育是趋势，培养孩子需要家长思维更国际化。高中以前的教育得当，孩子未来可期。

走进"魔法学校"

牛津的教学是非常偏重理论学术研究的,每年三个学期各只有八周课,四年内完成本科和硕士的全部课程,学习时间高度压缩,是鼓励自学和思考的教育体系,没有习题集没有标准答案,和国内的教学风格完全不同。第一年适应期,新环境、新起点,遇到了更大的压力和迷茫。

但没关系,魔法学校里的故事犹如那个 $9\frac{3}{4}$ 站台,听上去很酷、神秘不可思议、又惧怕会撞墙,但冲过去之后才发现真的可以穿墙而过!随着这个闯关,魔法加身。记得女儿在上大学后的一个假期对我说:"妈妈,我已经长大了,你要跟上!"是的,我们也要跟上成为魔法加身的爸妈!对成败无所谓,对成功给予希望。妈妈心态平和,孩子就快乐。孩子的能量有多大,取决于他对做的事情有多热爱。

女儿在学业最艰苦的两年里依然选择抽出宝贵的点滴时间参加了牛津的华人学生慈善组织——易善 eShine,希望帮助有需要的人。这个组织是全英首个华人留学生公益团体,通过构建和发展公益社群的方式,在牛津学子们的心中播下公益和慈善的种子,传递真诚和温暖。易善已发起了多个项目,在牛津学生精神健康、孤儿关怀和地方文化发展等方面给予积极的支持。

在我们眼里,女儿是个顽皮幽默、开朗果断、体贴善良的女孩;很小的时候就懂得关注自己和他人的价值观,严谨细腻,读懂人和事;各方面比较均衡,综合发展;敢想敢干,带动身边的人一起达到目标;称自己是一个有着和年龄不相符的古老灵魂的人。

未来的路还很长。养育孩子的初衷和首要目的是让她成为父母期望的人。正如开篇写下的那些,当她对老人弱者有了恻隐之心,当她帮助同学考上心仪的学校,当她由衷钦佩更优秀的人,当她冷静地解决了眼前最棘手的问题，当她学会了如何克服自己面临的最大挑战甚至甘之如饴，我们为见证了这些成长感到无比欣慰，为她的努力和收获而骄傲，把成绩、学校和名誉作为成长路上"意外"的收获。所以，不论在高等教育的路上女儿走上了名校的台阶与否，对于她的养育我们尽力做到全面、均衡且有个性，成为她的"伯乐"，对得起这个生命和社会。

高丹珑

2017 年　　　　　　　　牛津大学曼斯菲尔德学院数学与统计专业

第二部分

访谈

Chris 与雅丽：
一对科学家夫妇眼里的牛津小镇

访谈人：潇湘蓝　Freya

一、访谈 Chris Tyler-Smith

Chris Tyler-Smith

爱丁堡大学分子生物学博士

牛津大学生物化学系课题组负责人

韦尔科姆基金会桑格研究所课题组负责人

研究方向：人类分子和进化遗传学

成就：从1986年至2003年，在牛津大学生物化学系期间主要集中于探索在细胞分裂时负责染色体的正确分离的人类着丝粒的结构和功能的研究。同时利用Y染色体多态性研究人类群体迁移的历史——在该领域的研究成就使Chris被誉为Y染色体之父。

2004年至2019年，在韦尔科姆基金会桑格研究所通过研究和分析世界各地不同人群的全基因组的遗传变异的特征，探索相关基因功能及其在人类进化历史中的作用。同时研究健康个体的自然存在的失活基因以及在小鼠中构建对人类生存有利遗传变异模型进而深入研究人类特定的遗传变异的生物学功能。先后参与了像"千人基因组计划""非洲基因组多样性计划"和领导了"山地黑猩猩群体基因组研究"等国际重大合作项目。

https://www.sanger.ac.uk/people/directory/tyler-smith-chris

1. What are your insights into the cultural background and individual experiences of Oxford from your time studying, living and doing research as a scientist there?

作为在牛津就读、研究和生活的科学家,你能谈谈您在这座小镇的感受和体验吗?

I was a student at Oxford in the 1970s. The university is one of the oldest in the world, established hundreds of years ago, and divided into many separate colleges which form the basis of a student's life. One called "New College" was founded in 1379, more than 600 years ago, providing a glimpse of what is considered "new" by the university! Life as a student was an extraordinary mix of privilege and ancient customs. We studied for three terms of eight weeks each—less than half the year—and were expected to educate ourselves more broadly by reading outside our subject, travelling etc. during the other half of the year. The main work each week, even for scientists, was to write an essay on a topic chosen by our tutor and then discuss it with the tutor, either one-to-one or with one other student. It always became very clear during the discussion whether or not we understood the topic properly. One year I lived in the 300-year-old main part of my college, and was assigned two rooms for one person: a study and a bedroom. Fantastic privilege. But the nearest bathroom was along a corridor a long way away, and the bedroom had no heating at all, so was impossible to use in the winter. Another ancient residue at that time was that 90% of students were men and only 10% women. I am pleased to see that it is now close to 50%:50%, although still less equal among professors.

20世纪70年代我就读于牛津大学,它是世界上最古老的大学之一,始建于数百年前。大学由很多不同的学院组成,这些学院是学生生活和学习的主要场所。其中的一个学院叫"新"学院,建院于1379年,600多年以前。这个学院可以给你一点点"新"在牛津大学眼里是一个怎样的概念!作为牛津大学生的在校生活是非凡的,充满了优越和古老的传统。我们每个学年有三个为期八周的学期,占不到半年的时间。其他的时间我们要通过广泛的课外阅读和旅游来教育和成长自己。我们每个星期主要的学习任务,对于将来要成为科学家的学生,是就指导老师给的主题撰写一篇分析讨论文章,然后和指导老师一对一讨论,或者和指导老师及其他的同学一起讨论。经过讨论我们会清楚地认识到我们是否对所讨论的问题有正确的认识。在大学学习中的一年,我的宿舍是在学院的一个300多年的主要建筑里,两个房间,一个是卧室、另一个是书房。听上去实在是太优越了,但是最近的浴室却是在一条非常长的走廊的另一端,而且卧室里没有暖气,所以这个房间在冬天很难使用。另外一个古老的印迹是那时候百分之九十的学生是男生,只有百分之十的女学生。我非常高兴看到现在男女学生的比例基本上是百分之五十比百分之五十,尽管教授级别的比例仍然很低。

I returned to Oxford as a scientific researcher in the 1980s. There was the basic need to find funding and space within a suitable department, as is the case in most places. I was very fortunate to be able to work in Ed Southern's lab in the Biochemistry Department, and the university left us entirely alone to get on with our work. But the rich Oxford environment could be beneficial in unpredictable ways. One of our studies was on the Y chromosome (the chromosome passed from father to son each generation) carried by Genghis Khan, which we found in living people from all countries that were part of his empire, as might be expected. However, there was one exception that puzzled us: it was also present at particularly high frequency in the Hazara people from Pakistan, which had never been conquered by Genghis Khan. How could this happen? We got the first clue to an answer because Oxford has one of the best bookshops in the world, Blackwells, where you can spend hours peacefully browsing books. One afternoon I was doing this, and found a book on the Hazara: a good start. Even better, the author of this book was a fellow of an Oxford college, and I was able to meet him a few days later. He explained that the Hazara leaders had an oral tradition of descent from one of Genghis Khan's sons, explaining perfectly why they carried his Y chromosome. Where else in the world would it be possible to make this extraordinary link between genetics and history?

20 世纪 80 年代我作为一名科研人员再次回到牛津大学工作。和其他工作环境一样，我需要向对口的院系申请经费和实验室。我非常幸运在生物化学系 Ed Southern 教授的实验室找到了位置。大学把我们科研工作的自主权完全交给我们自己，然而富有底蕴的牛津大学却可以提供你意想不到的优势。我们其中的一项研究是关于成吉思汗 Y 染色体（Y 染色体只从父亲传给儿子，父系传递），我们在曾经的成吉思汗蒙古帝国的当代人群发现存在成吉思汗 Y 染色体——如我们预测的。但是，我们还发现了一个意外的迷惑：就是在巴基斯坦的哈扎拉人群中发现了很高频率的成吉思汗 Y 染色体。我们知道巴基斯坦不是蒙古帝国的一部分，为什么会是这样呢？我们找到答案的第一个线索是因为牛津有着世界上最好的书店：Blackwells! 在这个书店里，你可以花数小时浏览书籍。有一个下午我在这里时发现了一本关于哈扎拉民族的书籍：好的开端！更棒的是，这本书的作者居然是牛津大学一个学院的学者，几天后我可以和他面对面讨论。他解释说哈扎拉民族的首领们的口述历史记录他们是成吉思汗的一个儿子的后代，给为什么在这个人群中发现成吉思汗的 Y 染色体一个圆满的答案。世界上其他任何地方会发现这样遗传学和历史学非同寻常的联系呢？

2. Oxford must have its own characteristics and strengths as one of the top research institutions. How could one make a wise choice among many different top institutions around the world as a visiting scholar?

牛津作为世界顶尖大学和研究机构,一定有它的很多特色和优势。但是作为学术访问,应该怎样在不同的顶尖研究机构进行选择呢?

Each institution has its own strengths and weaknesses. I would recommend anyone thinking of visiting to consider carefully what they want to gain form a visit, research the scientists there and their labs, including talking to previous visitors if possible, and make a decision based more on the individual scientist than on the country or institution.

每一个研究机构都有它的强项和弱项。我的建议是如果你考虑留学访问一定首先认真考虑好你的最终目标是什么,要充分了解那个研究机构的科学家的学术研究和实验室设施,尽可能地向从前的访问学者了解情况。最后根据实验室和它的领头科学家来做决定,而不是根据哪个国家。

3. After you left Oxford, do you come back very often? Perhaps you have a very special feeling whenever you come back? Have you had deep feelings about the changes that have happened there?

离开牛津后,您还经常回去吗?每次回去时是不是有很特别的感受?对牛津的变化感觉大吗?

When I left Oxford to work at the Wellcome Sanger Institute near Cambridge, I left some stocks of precious cells preserved frozen in liquid nitrogen in Oxford, because it took time to arrange their transport to Cambridge. That meant I had to drive back to Oxford every weekend to fill up the liquid nitrogen. After the cells were moved to Cambridge, I needed to return much less often, and usually for more exciting reasons. The road to Oxford travels along some high ground, and at the edge of this passes through a deep cutting to reveal a spectacular view of the flat plain Oxford lies on. Whenever I see this view, I get a thrill that lingers as the journey continues into the city centre, much of it unchanged for centuries. But the science area does change more than the city centre. After several years, I returned to the Biochemistry Department to give a talk about my new scientific work, and found that it had been rebuilt. I had to walk around for some time to find the new entrance.

离开牛津后，我就职于剑桥附近的韦尔科姆基金会桑格研究所，当时还没有时间把一些宝贵的细胞系搬运到桑格研究所，仍然保存在牛津实验室的液氮罐冰箱里。所以我每个周末必须回牛津给液氮罐冰箱填充液氮。细胞系搬运到桑格研究所以后，我基本上不需要回牛津了，除非有特别让我兴奋的理由。去牛津的高速公路经过一些地势较高的地带，车开过一个开放的隧道出现在你眼前的是非常壮观的、牛津平原一望无际的景色。每当看到这一景色，我总是兴奋无比。接下来的路程便是进入市中心，其绝大部分数百年来没有什么太大的变化，但是这里的科研基地却变化很大：数年后我返回牛津大学生物化学系作有关我最新的学术进展的学术报告时，发现整个大楼已经重新翻建了，我转了几圈才找到新的入口。

4. There are many different ideas and concepts about what is success. As a famous successful scientist with so much scientific achievements, could you please very simply define what is success?

成功的定义非常之多。作为一位拥有如此多研究成就的知名科学家，您是怎么定义成功的呢？

Success can measured by how other people see you, or how you see yourself. I think only the second of these really matters. I once heard a talk from an eminent scientist who expressed this by saying that you must "own" your project: it must be more than a job that you do to please your boss, or earn money or popularity. It must be something you do because you care about it. Then you can be successful in your own eyes, however other people see it.

所谓的成功可以用他人怎么评价你来衡量，也可以用你自己的眼光来评价。我认为自我评价是根本。曾经，一位杰出的科学家在他的报告中也提到你必须"真正拥有"你的研究项目：是超越让你的老板满意和名利的工作。一定是你自己认为非常有必要做的事情。这样你的成功是你自己的，无论他人怎样看待。

5. You must have had many visiting students from China in your lab and research team. What do you think of the visiting students from China? What characteristics do they have? Any aspects they could improve and change?

在您的实验室和研究团队里一定有很多来自中国留学生。您对他们的总体评价是什么？他们的优势是什么？在哪些方面需要有所提高和改变？

Very motivated and hardworking. They will benefit most from their visit if (1) they learn to speak English well before the visit, because few UK people speak Chinese, and (2) when they are here, they make an effort to get involved in things outside their immediate project: attending lectures on other topics, meeting people etc. It may be tempting to live with other Chinese visitors and spend all the time in the lab or at the computer screen working on that one great scientific paper, but in the long term, the contacts they make with people from all over the world and the new ideas they hear about may be of much greater value.

But I can't finish without mentioning one special visiting student, Yali Xue. After she visited twice, we ended up getting married. So Oxford can also be a great place to meet your future partner.

有动力而且勤奋和刻苦。如果他们要从留学中获得最大的收获，需要在留学前学好口语（在英国会讲中文的人寥寥无几），在留学期间努力争取参与和他们眼前科研项目看似不直接相关的各种活动，比如参加学术报告和很多同事交流等。和其他中国同事和朋友生活在一起，花所有的时间在实验室里或者计算机前只为一篇很棒的科研文章刻苦工作对于留学生来说是极有吸引力的，但是，和世界各国科学家所建立的联系和从他们那里交流学到的新视觉、新想法却具有长远和不可估量的价值。

最后，在结束回答这些问题前，我一定要谈到一位非常特别的中国留学生，薛雅丽。她来牛津访问过两次，后来我们成为佳侣。所以牛津还是一个结缘你未来伴侣的神奇之地。

二、访谈雅丽（Yali Xue）

薛雅丽
哈尔滨医科大学医学遗传学博士
哈尔滨医科大学医学遗传学教授
牛津大学生物化学系访问学者
韦尔科姆基金会桑格研究所高级研究员
研究方向和成就：
在哈尔滨医科大学期间，主要参与和领导中国国家自然科学基金委员会资助的重大项目——中国人类基因组计划项目，该项目永久保存我国的人类遗传研究资源及开展中国不同民族和不同人群群体的遗传多样性研究。这个项目完成时（包括哈医大在内的三个研究机构）被授予国家科学技术进步二等奖。

2004年后开始在韦尔科姆基金会桑格研究所从事人类基因组多样性和人类进化的研究（参见Chris的简历）。同时对人类基因组中的结构变异进行系统研究。

1. 雅丽，您好。作为牛津大学的访问学者，您在科学研究上一定有很多收获，对国外的科学研究机构的特点及其人文环境有亲身的体验和感受，所以请您就以下几个相关的问题谈谈你个人的想法。第一个问题是：怎样定义真正的科学研究？

真正的科学研究必须以解析重要的科学问题为前提，应用适当的科学实验和/或统计学方法来寻找其答案，最后利用对该科学问题的认识和理解来丰富人类的认知并使全人类受益。科学被称为"可解答的艺术"，也就是说这个科学问题是可以回答的问题，通常是因为有了新的或改进的技术/方法和新的数据。因此，一流研究最容易在英才集中的研究机构进行，但是仍然可以在任何其他的研究机构开展，尤其是需要利用当地特有的资源时，正如屠呦呦发现青蒿素（现在是一种重要的抗疟疾治疗方法）。在这个实例中，重要的科学问题是如何治疗疟疾，新的数据来自严格测试许多中国传统中药药材，并采用现代方法跟踪最初的发现，然后将结果公布于全世界。

2. 发达国家的科研基金来源是不是多样化的，可以具体举例说一下吗？

多样化：资金来源于政府，提供绝大部分科研资金用于关键的政策性的，造福于大众的研究项目；私家公司（可能会规模非常大）主要资助自己相关领域的研究；慈善机构或学术基金团体主要资助拥有更多专业人才的专项科研机构从事特定领域/疾病的研究，还有个人捐赠的科研资助。任何人都可以进行科学研究，不需要任何官方资格或授权，因此在我从事的人类遗传多样性领域，有大量可自由使用的公共资源和数据库，然而，最大的同类数据库很可能是像23andMe等公司所收集和拥有的。而且，关于人类Y染色体谱系树细节的真正的专家常常是谱学业余爱好者，他们会仔细研究每一个新发现的Y染色体在整个Y染色体谱系树中的位置及和其他Y染色体的关系。由于严格的法律和伦理规范和管理，所有这些研究成为可能并为公众所接受。

3. 您可以谈一下国外的科学家们和科学研究品格，以及他们是怎样建立自己的科学研究领域并将它发展成为推进科学持久发展的动力的（可以举例）？

我最初的国外工作经历是在牛津大学Ed Southern教授实验室做一名访问博士研究生。Ed以其创新技术的各种发明而闻名，他发明的新技术是那种可以彻底变革某一科研领域的。Southern印迹法以他的名字命名，这项技术几十年来一直是分子遗传学的主要研究手段，直到大规模的基因组测序成为可能。他是第一个想到，在遗传学研究中使用在固体表面上微排寡核苷酸的microarray技术科学家，这项技术仍然应用于当前很多科研工作中。

在过去的15年中，我很幸运能够在欧洲顶尖的基因组研究所，有机会与最优秀的科学家一起在基因组学领域从事科研工作。这里研究资金丰厚，研究理念是从事世界领先、规模足够大，以至于其他研究机构（如大学系院）无法进行的科研项目。这些科研项目通过创建科研资源并彻底变革科研的模式来使所有人受益。在此期间的代表性项目包括千人基因组计划，该项目创建了第一个大规模的人类种群基因组序列；国际癌症基因组计划，以及包括大猩猩参考基因组在内的各种物种的基因组序列项目。这些都是重大的国际合作项目，其中最重要的是，世界上每一个人（包括其他科学家、医生、对科研有兴趣的民众和公司雇员）不受限制地共享（在伦理准则之内）这些基因组资源。

4. 科学技术有利有弊，在国外是如何最大程度地避免可能的危害？

科学技术非常强大，但是这种强大是双刃剑：在许多方面使人类受益的同时也可能非常有害。因此充分利用科学和技术造福人类同时避免可能的危害，任务艰巨，要建立强有力的伦理法律条例及其可以有效实施这些条例的机制和机构。这些伦理法律条例建立需要首先广泛和充分地征求科学及非科学领域的专家以及普通民众的建议和反馈。其次，教育、培训和推广，以便所有相关人员，不仅科学家，还有其他非科研人员熟悉这些条例。第三，在各个层面上严格监测，包括在研究团队及其所在的研究机构，在科学会议上作学术报告或在期刊上发表研究论文时，以及将其应用于医学实践或商业应用时。第四，如果出现违反这些条例的行为，从案例取实到最后的严厉处罚决定必须由独立机构进行公正和公开的调查和执行。

5. 国际一流科研机构的学术讨论是如何进行的？你认为什么是最佳的学术讨论？

这取决于所讨论领域，项目所处的阶段以及所参与的科学家，学术讨论的艺术、气氛和方式会有很大的差别。最理想状态应该是成就最好的科学成果。这意味着来自不同领域的专家学者毫无保留地贡献他们的专长。通常是很多建设性的建议，有时甚至可能是批评性的。通过质疑和深入分析实验或分析结果的一些细节，从而显著提升科学洞见。良好的科学讨论应该允许每个参与者发表自己的意见和想法，而其他人客观地听取。在科学讨论中的每个人都是平等的。讨论结束时，每个人都应该能够了解项目的整体规划、其他参与者的专长及他们将为项目所做的贡献。

6. 老师和学生的关系如何？你最欣赏怎样的师生关系？

不同的导师和他的学生的关系可能有很大的不同。在这里最佳的师生关系，也是最崇尚的，应该是科学上志同道合、人格平等、相互尊重。师生共同攻克科学难关，而不是学生为导师工作。

刘冀珑:
在一流的大学校园里做一流的研究
访谈人：潇湘蓝

刘冀珑

中国科学院动物研究所博士

英国牛津大学实验室负责人

英国医学理事会终身制大项目领导

上海科技大学生命科学与技术学院终身正教授

研究方向：代谢细胞生物学、细胞蛇

主要研究内容：细胞蛇（Cytoophidia）

细胞蛇来源于希腊语"细胞（cyto）"和"蛇（单数 ophidium；复数 ophidia）"，代表一种新类型的细胞器。2010 年研究组首先独立报道了 CTP 合成酶在细菌，酵母菌和果蝇细胞里形成细胞蛇。实验室以果蝇、酵母菌以及人的培养细胞为主要研究材料探索代谢酶（如 CTP 合成酶和 IMP 脱氢酶等）在细胞里如何被区域化。CTP 合成酶和 IMP 脱氢酶是研究抗癌、抗寄生虫和抗病毒药物的极具前景的标靶，以及细胞蛇和类似的细胞器如何在代谢调控和肿瘤生物学发挥作用。

1. 刘教授，作为一个牛津大学实验室大项目的领导，您认为成绩好的话是否一定要读博？您怎样判断一个大学生是否具有科研能力呢？

对于是否读博的问题，我个人的观点是取决于你对自己未来的职业规划是怎样的。如果要做学术的话，尤其在生命科学领域，一般是需要有博士学位的。博士阶段可以有很好的训练，训练独立思考、亲手做科研的能力。如何提出科学问题，有新意的科学问题，然后怎么去设计实验，设计对照组，怎么去解决科学问题，这些训练是很必须的。

在牛津大学，三年可以完成本科学习，拿到学士学位，再读一年可以获得硕士学位。硕士研究生，比如在生命医学领域，是不需要做实验的，主要是在上课。当然，有些同学会在实验室有短期的实验科研训练。

对于博士研究生而言，学习时间一般三到四年。在这段时间里你要提出科学问题，包括做报告、答辩、写作，这一系列训练对于你未来的学术发展都是必不可少的训练。在生物领域，除了很少的博士毕业生能够在获得博士学位之后很短的时间获得独立的学术职位，绝大多数是需要经过两到五年的博士后训练，有的可能需要更长时间。我以前做第二段博士后的研究所，做博士后的平均时间是五年。有的人可能会短一些，一到两年，甚至有的直接跳过博士后阶段，更长的有十年甚至更久。我本人经过两段博士后研究训练，分别花了两年半和四年半，加起来我在博士毕业之后在美国做了七年博士后，然后才在牛津大学做独立的研究，开始做博士生导师。

如果去工业界，很多职位也需要博士学位。在公司里也有科研岗位，博士研究生是很重要的训练科研能力的阶段。当然啦，如果是做管理职位，获得博士学位并不是前提。有些本科生获得学士学位之后就直接开始管理职位，也有一些在牛津大学读了三年本科，再读一年硕士就去找工作。所以读不读博士取决于你自己对未来的思考。你可以这么想一下，我再花三到四年读一个博士对我的未来职业定位是否必须，是否有帮助，是否值得时间和精力上的投资。这些问题没有标准答案，因人而异。

关于怎样判断一个学生是否具有科研能力，我认为独立思考提出科学问题，或者是经过启发，与导师讨论，提出科学问题的能力非常重要，这是方向性的问题。当你提出一个科学问题的时候，你需要考虑它的新颖性、可行性以及实验的设计和动手能力。在实验生物学领域，动手能力非常重要。遇到一个科学问题，如果某个同学动手能力不强的话，可能实验做很多次出现每次结果都不一致，或者是对照组实验没有做好。科研能力强的同学，动手能力是一个重要指标。我认为科研能力包括思考能力、动手解决问题的能力，以及非正式和正式的交流能力。非正式交流能力包括在实验室走廊里遇见同事，向同事简短地介绍你的研究进展。或者喝咖啡闲谈的时候，这个时候会不经意地刺激思考，或许对你有所启发，甚至开启与同事的合作关系。另外，比如每周的例行组会，如何向实验室其他成员讲述你的工作，针对别人的提问你如何理清思路把问题讲透。正式的交流也非常重要，包括写作、写论文、写实验进展，开学术会议的时候作口头报告或者介绍墙报。

从实验生物角度而言，我认为思考能力、动手实验能力和交流能力非常重要。还有一点，内在驱动力非常重要。不管是任何领域，内在驱动力都很关键。对于未来你要达到什么目标，这不是外在的别人逼着你去做的，而应该是你自己思考过的你想去做、渴望去做的。这种自我认可的成就感可以牵引你主动地去做一件事，及时地做阶段总结，及时地完成一个任务。判断一个学生的科研能力，我认为内在驱动力是一个非常准确的指标。

2. 您能谈谈什么叫一流的研究吗？作为世界知名大学的科学研究体系是怎样的？牛津大学的学术讨论是怎么进行的？

个人观点，一流的研究应该是独辟蹊径的独特的不是跟风式的研究，原创性是关键。一流的工作是原创的，有前瞻性的思路。研究者应该有足够的定力把学术问题做得很透彻。他需要有耐心，有品位。对于一个方向，他可以踏踏实实做五年、十年，甚至是一辈子。就像是武侠小说里讲的武林高手，心无旁骛，把一种剑法琢磨得出神入化。很多时候，一项工作如此超前，可能五年十年没有多少同行理解，等到若干年回头去看其研究轨迹才让人恍然大悟，高下立现。像一些跟风式的研究、作坊式的研究，做一些苦力式的工作，堆砌了不少数据，文章虽然可以发表在高级杂志上，但是并不能给同行太多的启发，这样的研究只能算是二流或者三流的。

我比较怀念我在做第二段博士后的研究所的时光，很怀念那里的研究氛围和学术风格。那是在美国巴尔的摩的卡内基研究所，坐落在霍普金斯大学校园里，研究所正好在一个河谷，实验室是玻璃落地窗，景色很美，在实验室做实验宛如置身于森林里。研究所不大，七八个实验室以及三四个年轻的小组。看上去研究所规模很小，但是每个实验室在自己的领域都做得很好，所谓"小科学，大影响"。

牛津大学是有浓厚传统的大学，在牛津大学做研究，大家都是追求做一流的工作，做有影响的有个性标记的工作。在牛津大学之类国际顶尖大学做老师的一个好处是能遇到很多优秀的学生。牛津大学的学生都是精挑细选的，相对而言优秀学生的比例非常高，几乎所有学生简历都非常棒，与他们交流也大多非常愉快。当然，学生们大多比较年轻，作为老师我们需要引导他们，激发他们的独创性。我在牛津大学的医学部工作，有很多非常杰出的同事。在喝咖啡或是酒吧里与同事交流是蛮享受的一件事情。

牛津大学的学术讨论有很多形式。我是用果蝇做研究模型的，在牛津大学有十五个实验室是以果蝇作为研究模型从事生物医学方面的研究。有四年时间我的实验室组织主持每月一次的"牛津果蝇俱乐部"学术报告。果蝇的英文"fly"也有"飞行"的意思，所以"牛津果蝇俱乐部"对于非专业人士而言更像是"牛津飞行俱乐部"。俱乐部的学术报告一般安排在周三下午五点，我的实验室会给参会者预订足够的披萨，提供足够的啤酒。啤酒是瓶装和罐装都有，各种品种，报告开始之前就放在会议室。听众大多是进会议室先拎起一瓶/罐啤酒，然后一边喝啤酒一边听报告。有时候，演讲人也开了一瓶啤酒放在讲台边，渴的时候嘬上一口。这种形式不是很正式，演讲人和听众都比较放松，大家会沟通得非常热烈。每月一次的报告会一般安排两个演讲人，来自两个不同的实验室，演讲人由各个实验室轮流来。我们也会不定期地邀请其他大学的演讲人，比如从剑桥或是伦敦过来的，这样我们一般一次只安排一位外面的演讲人。在演讲过程中听众可以随时打断演讲提问，因而交流非常密集。演讲结束之后所有人一起吃披萨，这时会有更多的提问和交谈。

另外，我在英国医学理事会的研究所里也组织了每周一次的午餐会。这是周四中午，由博士后、研究生和教授参加。每次安排两位报告人，给所有参会者提供免费午餐。一般我组织的学术交流都会准备足够的食物，可以让交流的人比较享受比较放松，没有太多的拘谨，也有足够的能量进行思考。

我们研究组也有每周的组会。我们的组会安排在周一。从牛津到上海，我很开心我们实验室的组会都在遵循下面这七项规定：

演讲人提供食物。
每周一次。
一到两名演讲人。
不在晚上开。
不在周末开。
用英语。
不超过一小时。

除了这些交流之外，我们也会庆祝实验室成员的阶段性进展。比如学生答辩成功，我们会整个实验室去酒吧庆祝。有时大家一起去喝咖啡。天气好的时候会坐在实验室外面的大学公园的草坪一起吃午餐。有些学生每周五下午会去酒吧。在牛津酒吧很多，三十九个学院七个学堂每家至少有一个酒吧，大学校园里应该有一百多家酒吧，加上周边村镇估计有两百家。酒吧里的氛围相对比较轻松，大家在一起聊，话题可以是学术，也可以是时事。这种沟通也是非常令人愉悦的。

在牛津，正式的学术交流也很多。我们研究所几位大项目领导每个月会有一次例会，一般是在午餐时间，有咖啡、午餐和甜点提供。我们研究所所在的系是牛津大学医学部规模最大的一个系，每个月也会在系里的古朴的图书馆开会。系里也有每周一次的学术讲座，经常能请到非常优秀的演讲人来牛津。

3. 在牛津大学做研究，和世界上一流的科学家成为同事，这太令人兴奋了。你都遇到了哪些杰出的人士，从他们的身上感受到和学到的，是一种怎样的体验？

的确，在牛津有机会碰到很优秀的同事，在学术方面，或者是学术之外。比如说，我的系里有一位同事，是在四分钟之内跑完一英里的世界第一人。

全世界的人都坚信跑一英里至少需要四分钟，这是人类的极限。这个极限于1954年5月6日被一个二十五岁的年轻人在牛津大学的运动场上打破。这个年轻人就是牛津大学医学部学生罗杰·班尼斯特。他的成绩是3分59.4秒。这是一个激动人心的时刻，成就了罗杰的传奇。后来罗杰在牛津大学任教。

罗杰是我在牛津大学同一个系的同事，与他有过几次接触。罗杰似乎更在意讨论他的学术，他共发表了八十篇学术论文，主要是神经生理方向。在我们系里有一间房间是以罗杰·班尼斯特爵士命名的，平时是教室，在教室四周的柜子里陈列了罗杰爵士在运动场上的历史时刻的珍贵照片和各类报道，也有他的学术论文手稿。罗杰为英国大众体育做出了很大贡献，每年三月底或四月初的牛津和剑桥大学划船比赛，罗杰总会被邀请到现场为电视直播做评论。

机缘巧合，我和罗杰爵士都被作家Sylvia Vetta写进一套Oxford Castaways（《牛津乌托邦》）书里。在一次庆祝这两本书出版的活动中，罗杰和我都应邀出席，也拍下了很珍贵的合影。罗杰爵士很谦逊，有机会与他交流也很享受。

作为牛津大学的一员，在这样杰出的环境里工作，你当然也希望自己的研究对得起牛津大学这么悠久的传统。所以在工作中不甘于平庸，你希望能做一些深刻的研究，独创性的工作。这样的氛围有助于大家培养一种定力，坚持做一些有长远影响力的学术。

我的办公室就在大学公园边上，我专门写了一篇小文介绍大学公园。这里的自然环境和学术环境都非常棒。与同事之间有很多有意思的交流。有时感觉研究进展不顺，有种山穷水尽的感觉，与同事一杯咖啡闲聊之后，柳暗花明，茅塞顿开，有种顿悟的感觉。

刘冀珑自述：牛津大学公园和最美的办公室

我家住在离办公室直线距离大约一公里的地方。我喜欢走路上班，所以上班路上要经过五座桥、三条河、两条小溪。上班路上经过马场和牛场。有两个入口，通过大学公园，然后到实验室。

大学公园就在我的办公室外面。我可以很骄傲地说，牛津大学校园里位置最好的办公室就是我的办公室。为什么这么说呢？

大学公园，英文名叫"University Parks"，注意了"Parks"用的是复数，因为大学公园是许多小的公园融合在一起的。公园面积很大，是在1860年代建成，蛮有历史的。东边是洽味河，与牛场分割开。洽味河是牛津的两条河之一。洽味河和爱西斯河在牛津交汇，形成泰晤士河，下游到伦敦，然后出海。

大学公园东边是洽味河，北边是玛格丽特夫人学堂，还有昂贵的住宅区。大学公园的西边是公园路。南边是科学园，布满牛津大学自然科学领域的各个系。对应的东边是威廉·当爵士病理学院，这里是青霉素被发现的地方。再过来是生物化学系，发现尿素循环和三羧酸循环的汉斯·克雷布斯和利用X射线晶体学解析维生素B_{12}和胰岛素结构的多萝西·霍奇金曾经在这个系工作。再过来是老天文台，现在用作大学保卫处，房间里有很多监控屏幕。美国前总统克林顿的女儿切尔西在牛津读书的时候保卫处就把她作为重点保护对象。

然后是牛津基因功能中心，我的办公室就在这个玻璃建筑里面。与之毗邻的一段很长的老建筑，是以1930年代诺贝尔奖得主神经科学和生理学家查尔斯·谢灵顿命名的。再往西是物理系，爱因斯坦、霍金、薛定谔、博伊尔，发现细胞的虎克，发明互联网的博纳斯·李都曾经在这里学习或者工作过。

在谢灵顿楼和我所在的基因功能中心之间有一条通道，这个位置是牛津大学与大学公园界面的中心位置。在地面层有两个办公室，其中一个办公室在这个中心通道边上，另外一个办公室在几米之外，稍微隐蔽一些，外面一棵红果树。这两个办公室被称为牛津大学位置最好的办公室，我的办公室就对着红果树。

大学公园里是土路，很多小石头，脚下踩着很舒服。人们在这里跑步、散步，还有很多人遛狗。有成片的绿色大草坪，有人踢球，打板球，有草地网球，门球，还有人玩飞盘，以及大腿夹住一根长棍子的不知名的运动。有几次我带着小狗六六来大学公园。六六对球疯狂迷恋，看到足球更不可控制。如果没有牵住，它看到有人踢球、打网球，会拼命挣脱绳子冲过去守门，一心想与队员们玩。在大学公园发生过几次这样的情况，挺尴尬的，也记忆深刻。

大学公园内的树非常漂亮。我很喜欢南边这一带大叶子的树。我上班经常从两个门进大学公园。一个是东南门，从家过来经过第五座桥，向右一拐。为了限制自行车进来，门很窄，中间一个活页，像翻书一样，一次只能容纳一个人通过，当然有人非常厉害，把自行车竖起来通过闸门。当然这很少见，毕竟是违反规定的。

从东南门进来是一棵柳树，树前的牌子上面写公园几点会关闭，这与日落时间有关。夏天公园要到晚上九点十点才关，冬天在下午四点半就会关闭。

顺着进来，可以沿着洽味河往北走，河岸很漂亮，常常可以看到天鹅和野鸭。这也是我常常带小狗六六散步的路线。继续往前走可以遇到一座高高的拱桥，被称为高桥。因为桥的形状像彩虹，也称作彩虹桥。彩虹桥走起来感觉很好，拱着上来，又拱着下去，坡度很大，下雪天比较挑战。彩虹桥东头连接着牛场，也是大学公园东门，这是我上班路上进入大学公园的另一个门。

从彩虹桥下来右拐，继续顺着洽味河往北走，大概走两百米可以看到一个池塘。池塘在两百年前应该与洽味河连在一起，后来修葺把池塘与洽味河隔离开来，成为独立的水系。池塘中心有一个小岛，岛上郁郁葱葱，是天鹅、野鸭和许多其他水鸟的天堂，相对比较安全和清净，不受公园里其他陆地动物和人的侵扰。

池塘边上有两三棵桑树。在夏天的时候会长出桑葚。有一年我带着外甥女晓晓在这边玩。带她爬树，摘桑葚，吃桑葚，很美味。记得当时发了两则朋友圈，一个朋友圈是"池塘边的桑树"，另一个朋友圈是"桑树边的池塘"。从不同角度看风景，挺有意思的。

北边土路继续往西走，走到大学公园西北角，有一间小屋，被称为"North Lodge"（北屋），可能是园丁住的地方。公园西北角进门有几棵水杉。二战期间旅居牛津的我的中学九江一中校友蒋彝先生在他的《牛津画记》里描述过这些树，称这七棵水杉为"七君子"。这些树是1860年代公园刚建时栽种的,公园初期的地图显示这些树还比较小。到了一百多年以后树长得非常高大。

顺着公园西边漂亮的草坪往南走,这个地方与几年前有改变。牛津大学物理系盖了一幢新楼,占用了大学公园西南角一定的空间,把公园的角咬掉了一块。因此,公园的西南门也挪了位置,往北挪了二三十米。

公园西南角经常被园丁种上郁金香等很多漂亮的花卉。上下班经过,时不时会忍不住拍照,为此也晒了不少风花雪月的朋友圈。往东,有两条路,像三角形的两个长边。左手边这条通往彩虹桥,中间经过大学公园标志性建筑,一个古朴古香的白色建筑,由设计了牛津大学考试学院和叹息桥等著名建筑的建筑设计大师托马斯-杰克逊爵士设计,那是板球队的更衣室。

几年前,在这两条路之间的一个大草坪,正好对着我的办公室那块,被掀开,挖了一个大坑。建成一个半足球场大小,几米深的一个大的蓄水池。是收集科学园各个建筑的雨水的。蓄水池建好后上面盖起来,种上草,好像与之前看不出任何变化。蓄水池保障了大学公园植物的浇灌用水,保障是纯天然的灌溉,也是一种环保的措施。

大学公园游客稀少,离市中心步行需要十分钟,离自然历史博物馆比较近,功能如同后花园。对于在科学园上班的老师和同学非常方便,让你一路悠闲地散步,让你与大自然如此亲密地接触。每天上班都很心旷神怡,抬头可以看见飞鸟,举目都是四季不同色彩的树木与鲜花。上班之余,伏案良久,我会泡上一杯咖啡,然后端着咖啡出门,在公园散步。在阳光下,坐在长凳上喝一杯咖啡,在非常放松的心境下刺激你思考和感悟。

公园里的很多长凳,是为了纪念逝去的亲人捐的。我不清楚具体多少钱可以捐建一条长凳。长凳上一般会刻有人名以及出生去世的年份,名字下面一般会有一两行字,例如某某以前在大学公园跑步、走路,或者在这里遛狗。可以看出很多人对大学公园充满感情。这些长凳非常结实牢固,也方便行人坐下来休息一会。我有时会感慨，我以后去世了，希望后人给大学公园捐一条长凳，写上我以前在大学公园里思考过，散步过，跑过步和遛过狗。

我非常喜爱牛津大学公园。
在一流的大学公园做一流的研究，此生夫复何求。

唯寻国际教育吴昊：
名校毕业会影响人的一生

访谈人：潇湘蓝　董振德

吴昊

牛津大学统计系荣誉学士 & 硕士

西班牙 ESADE 商学院国际管理硕士

Edexcel 考试局数学官方 TOP 10

英文接近母语水平，西班牙语 B1 级别证书

2003 年—2006 年　嘉兴市秀洲现代实验学校

2006 年—2008 年　嘉兴市第一中学

2008 年—2010 年　英国托基 EF 学院，A-Level 课程

2010 年—2013 年　牛津大学，数学和统计荣誉学士学位

2013 年—2014 年　西班牙艾赛德商学院，国际管理硕士学位

2017 年　　　　　牛津大学，数学和统计授予硕士

职业成就：

创办唯寻国际教育，迅速成为行业第一并领先第二名近 10 倍的体量

牛剑数学类笔试、面试课程的首创者，辅导 23 名学员进入牛津或剑桥大学数学系

入选 2019 福布斯中国 30 岁以下精英榜，教育行业杰出创业者

腾讯 2018 年度影响力在线教育品牌

新浪2018年度品牌影响力国际教育机构

2018年新华社报道"唯寻现象"获百万阅读

1.作为唯寻国际教育的创始人之一，为什么会选择回国创业？是情怀还是时势造就了这一切？

选择回国是早就确定的事情。一方面我是家中独子，家人都在国内，迟早要回来的；另一方面则是我在中国看到了商业的活力和巨大的市场，这个国家有着统一的文化、统一的货币、统一的语言，在世界上任何一个地方都找不到了。

创业也是早就想好的。我从小就希望自己能够活得有价值，希望能做一些事情让自己对别人有意义，那么回国做一番自己的事业无疑是最好的选择。

2.您和另一位创始人潘田涵是怎么走到一起的？你们之间彼此吸引欣赏的是什么呢？

早年我在牛津受雇于一家留学平台，后来成为这家平台在牛津校区的负责人，主管教师招募、培训和业务管理。一年之后，潘潘学弟成为剑桥校区的负责人。那时候很不幸平台突然销声匿迹了，我和潘潘都以为对方离职了，直到2014年才发现大家以各自的方式在教育这条路上走得更远了，于是一拍即合成立了唯寻的前身——"牛剑视野"，正式牛剑合璧。

我的话比较沉稳，是个标准的流程控和细节控，擅长挑战未知和解决全新的问题，可以把团队带得井井有条。潘潘性格外向，善于交际，聪明的主意一个接一个，对未来充满了乐观的希望，在我压力很大的时候也总能给我最及时的支持和信心。我们一个开疆拓土，一个扎营布寨，是这样的分工。

3. 为什么会选择从事教育体系，而不是一些年轻人喜欢的题材，比如游戏开发、外卖餐饮，或其他创意型、特色类、技术类的产品？

选择教育行业，有偶然，从大一开始兼职当老师，大二开始做教学主管然后开始自己的创业，一直都在做国际教育；也有必然，教育是一件很有爱的事情，只要用心做，真心对待别人，无论是学生还是家长给予的正向回馈是非常即时又非常持久的。我和很多我早年的学生和家长都一直保持着非常好的关系，甚至头几届的毕业生已经加入了我的创业团队，成为各个岗位上独当一面的能手。

时机也是一个很重要的原因，作为第一批集中出国学成归来的留学生，在我这一代之前留学生太少，在我之后的留学生又入行太晚，所以我的团队就有了得天独厚的时间优势。今天，唯寻已经采用自己的方式打造了系统化的获客手段、成熟的培训和晋升体系，学生体量实现了马太效应，业务流程通过系统研发实现了闭环，教学端口也通过体系化的师训、教研和教学管理树立了行业最高标准。这一路，将充满爱的教育用积极的商业模式实现规模化和快速增长，是一件很有挑战也很有意味的事情。

4. 牛津大学作为一所知名学府，在你成长的过程中对你影响最大的是什么？四年大学生活有哪些依然记忆尤深呢？

牛津大学对我最大的影响，是她独特的通才教育方法，融入导师制授课，然后带给我受用一辈子的能力提升。

所谓导师制授课，学生们在各自的院系（department）上大课，学习基本的专业知识，然后会得到一份"练习"（problem sheet）。这份练习与其说是作业，不如说是一个自学的引导，学生在练习的引导下去查阅相关的书籍和资料，通过自学完成知识积累。完成学习之后，会有定期的导师课，由各个学院（college）里专业的导师以 1V1~1V3 的小班形式帮助解答学习中的疑惑，讲解教授未讲完的内容，帮助学生查漏补缺。这就构成了一个以自主学习为核心的三部学习方法，如图所示：

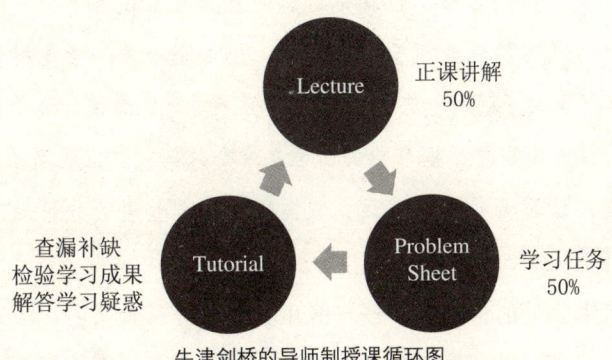

Lecture 正课讲解 50%
Problem Sheet 学习任务 50%
Tutorial 查漏补缺 检验学习成果 解答学习疑惑

牛津剑桥的导师制授课循环图

这种教学方法导致的直接结果是我们牛津的学生一年中只有360个小时是在上课（包括讲座和导师课），如果按照一天8小时的工作时间来折算，一年仅仅是45天在上课而已。大量的时间是在图书馆里查阅资料，是和同学研讨学习，是在自主地进行学习积累。值得注意的是，牛津和剑桥的学术难度和他们的学术声誉一样，站在了世界的巅峰。因此，优秀的牛津剑桥毕业生，其学习能力说是站在了整个世界的巅峰也一点不为过。

这种通才教育方法的优点是显而易见的，学生的学习能力会变得极强，时间管理要求很高，做事方式会更为积极主动，独立能力更强、判断能力更强，且善于归纳总结。当然这种方法也可能会导致一部分学生接受不了学习强度而不得不退学，这也是为什么我们常说海外名校"宽进严出"。

5.您看，一般我们认为北大学生普遍有理想主义浪漫主义的倾向，港大基本都很现实和aggressive，美国的liberal arts college的女孩子都比较内心强大且有主见。那你认为牛津大学的群体气质是什么？

牛津大学传统而优雅，严谨而骄傲，培养了一代又一代伟大的政治家、企业家和科学家。咱们牛津人也没啥，就是自尊、自爱、有原则、有担当。

6.你是数学和统计专业的高材生,学业上成绩斐然。同时毕业之后还自学掌握了一门西班牙语。也就是说您的就业准备还是十分充沛的。作为数统专业,可获得的就业机会也非常多,比如金融业、量化投资、信用卡中心、P2P 行业、互联网、咨询、数据分析。同时,读统计还是很多会留在一线城市的,因为需要数据分析的岗位基本是总部,二三线用不着这些。

你最初涉及过哪些行业实践,它提供了你哪些经验和帮助,你又从中汲取和获得了哪些成长的要素?

我刚进大学的时候是去一些一级市场的私募基金实习,跟着大佬们一起做行业调查和企业研究,那时候就被中国的商业创新给深深吸引。比如那时候大家都在研究海底捞的成功奥秘,研究他的师父带徒弟的模式,他是如何把服务打造到极致的,然后开始探讨火锅店的规模化扩张模式和中式餐饮企业增值的可行性研究。也去拜访过一些被投企业,比如有一家做地毯的传统企业如何通过阿米巴模式的管理创新来为老企业注入新活力,实现高速增长和走出国门。也去听过气味图书馆创始人的创业经历分享,一个连续创业者如何从一次次失败中爬起来,坚持做一个有爱的公司,把爱的文化传递到公司每一个员工传递给客户。同时也见到一些昙花一现的科技公司,用户量增长迅猛但始终无法实现商业变现,最终夭折的案例比比皆是。

后来则是在商学院接触了很多国际公司和项目,也在毕业后的商业实践中真正为一些世界级的公司提供咨询服务,这个过程中感受到的不再是创业公司的惊险和挑战,而是规模企业的治理难题、业务难题和战略思考,站到了一个更加高大的平台去看全球布局和项目落地。开始思考投入产出和项目立项预算,开始思考多部门协作,开始了解到寡头公司背后的互相调研和竞争关系,也看到了一些大公司的担当——corporate social responsibility,他们是如何用商业手段实现社会价值。

我觉得这一切经历,不仅帮助了我在创立自己公司之后快速试错,快速探索商业模式，还帮助我思考公司治理和实现规模扩张等应届生通常不具备的思考。

7. 从名校毕业到自己创业，这中间是否有过文化差异、边缘化、低潮期，您如何看待这部分的现实情况和自身成长之间的联系和意义呢？

作为一个公司创始人，我这些年的心态起起伏伏了很多次：有的时候觉得自己无所不能，教育行业别的公司都不如咱们有创造力和执行力；有的时候又会觉得眼前有好多问题处理不了，太多关键因素互相牵制，需要寻求新的解决方案，心力交瘁；有的时候会欣喜于自己又实现了模式创新，再次突破自身瓶颈实现跃进式增长，成为行业里最受瞩目的新星；有的时候又会面对一同创业的兄弟姐妹分离，痛苦的抉择取舍，甚至做错了决定导致关乎团队生死的危机。

创业是一件非常艰难和高风险的事情。每一个员工都可以在自己不舒服的时候选择退出，而创始人永远都不能 SAY NO。唯寻在成长过程中数次面临巨大危机，靠的是坚强和毅力，永远不放弃，永远比别人更努力。我的工作时间基本上每天都是早上9点起床，晚上12点下班，凌晨1点睡觉，一年工作350天。

但我们依然是幸运的，我们都熬了过来，而且每一次突破瓶颈都是质的飞跃。我想，这和我在牛津大学接受的训练，学习数学带来的挑战是分不开的。因为我从来不会对未知的问题感到恐惧，我会用最强的学习力和行动力去解决那些从来没见过的问题，以及运用之前在商业领域实践学习的方法去其他各行业寻找优秀的解决办法。

8. 从唯寻致力于服务的各个项目和文化理念等来看，名校毕业真的会影响人的一生，你同意吗？

完全同意。我是极其推崇精英教育的，我们团队的座右铭是"教育的本质是和更优秀的人在一起"。当孩子们和世界上顶尖的教授学者在一起，当我们的学生身边都是既聪明又努力的同学的时候，我们会发现，仅仅是和他们在一起，孩子们就成长了。回想咱们在牛津读书的时光，给我们上辅导课的老师是顶尖的研究人员，是全世界最好的学者。我们身边的同学一半去做学术深造，一半走上了精英的商业或政治道路，这些人身上的好学上进、团队协作、时间管理、解决问题等能力，会让整个圈子都充满了正能量。

此外，我还认为最优秀的人就应该在某个时间点成为老师，帮助学生去打开视野，树立目标，建造价值观，不仅仅是帮他们去往世界名校，更是为他们的未来创造无限的可能。这是一个更大的长期功德。

9. 唯寻作为一家有一定知名度的国际教育培训品牌，对你的学弟学妹们有什么建议和指导？对莘莘学子走向名校走向未来又有哪些实用性的帮助和推动呢？

勇于尝试。进入大学以后要多接触社会，多做实习或科研，去探索自己喜欢的、擅长的，同时又认同价值的事情，然后进入这个行业或这个岗位深耕下去。

和优秀的人在一起。去和那些前辈、学长学姐、实习的同事多交流，学习他们的思想和精华，不断丰富自己，让自己变成更优秀的人。

始终保持谦逊。就像吴军教授在《大学之路》中说的，"我这辈子读了24年的学，比我总共工作的时间还要长，回过头来看，一些过去比我们读书更优秀，在起跑线上抢到更好位置的人早已放弃了人生的马拉松，我们能够跑得更远仅仅是因为我们还在跑，仅此而已。"

教育是一辈子的事情，笑到最后的是一辈子接受教育的人。我们一生中要怀着时刻学习的心态和冲劲，最重要的习惯要从高中、大学开始培养，在大学所要走的路不只读书拿学位这么窄，咱们说的通才教育就是为了拓宽每一位年轻人的人生之路。

大学四年恋情无数，为什么这对跨国恋终成眷属？

访谈人：潇湘蓝

你有没有发现，我们一谈到大学恋爱这个话题，马上联想到的是大学里恋爱到结婚的成功率是多少，大学恋爱有哪些忠告，大学恋爱该不该发生，大学恋爱关于经济问题，甚至还有大学恋爱一个月要花多少钱。

所有这些问题都没有触及恋爱的本质，那就是爱的初心。

其次，如果要聊起跨国恋和婚姻的成功案例，那么留学生占了极大的比例。

这是为什么？

2018年5月，全球牛剑家长桃花会在苏州隆重举办，之前大家分享生活与经验，轮到管妈时，她说："该讲的想说的你们都讲完了，我也别再炒冷饭了，要不，我就来八卦一下我女儿和女婿是怎么认识的吧。"结果，讲着讲着台下本来吃得津津有味的一堆人纷纷放下了筷子默默地竖起耳朵倾听，之后纷纷表示赞赏并引起广泛讨论。

先来分享一下，这场真实感人的牛津之恋。

人物：

禄禄：2012年—2016年　牛津大学数学系硕士，中国杭州姑娘

马修：2012年—2016年　牛津大学化学系硕士，美国加州理工大学博士在读，美国康涅狄格州人

一、初见

那是 2012 年中秋节的前几天,离禄禄出国留学还有几天时间。禄禄的外婆看着外孙女,额角的细纹笑开了,她对着孩子说:"禄禄,你就要出国了,外婆没什么好送你的,就给你做几个月饼,你带去和英国的同学们吃吧。"外婆停了一下,又说:"月饼,外国人也不懂啊,月亮圆的时候吃的饼,这太深奥了,你就说是一种甜甜的饼吧。"

禄禄的外婆是杭州一家机关单位食堂的糕点师,会做各种各样的点心。禄禄从小就爱吃,这次千里迢迢奔赴英国牛津大学时,她就把外婆做的这一盒月饼放在随身的小背包里一起出发了。

那天,她一个人拖着行李箱从伦敦机场坐大巴到牛津再慢慢找到女王学院时已经夜幕降临了。进了大门,她重新整理了一下行李,捋了捋有点散乱的长发。空气中飘浮着不知名的花香,牛津古老典雅的建筑梦幻般地矗立在眼前,月亮在树影中露出莹润夺目的光芒,她微笑着望着眼前的一切。转过身,忽然发现,身后站着一个长卷发高个子的男生,手里也提着行李箱,他友好地向她招呼。

"你也是今年的新生吗?"

"是的。"

简短地聊了几句后,禄禄不由低下头,从包里掏出那盒已经被压扁了的月饼,递给了他。

"你好,这是我家乡的甜饼,每年这个时候月亮很圆的时候吃的。"

"谢谢!"

这个男生就是马修。

马修后来说,刚进学院就碰到一个小个子黑头发的女孩,她给我吃了一个不知叫什么的饼,这个饼甜甜的。

二、相知

管妈说，从女王学院到宿舍有段路比较僻静，晚自习回去我担心有些不安全，便叮嘱女儿找个男生一起回宿舍，既有个伴又可以保护你，女儿想了下，那马修刚好是最佳人选。马修呢，看到很多外国学生都会问我女儿数学上的问题，也觉得这个中国女孩很聪明，也经常请教我的女儿。

女儿住在二楼，马修住在三楼。两人经常楼道口碰到。去英国前，我怕女儿吃不惯西餐，就专门给她培训了几道家常菜，比如外婆红烧肉，麻婆豆腐，酸辣土豆丝等。女儿也知道留学费用那么高，宿舍里又配有公用厨房，常常自己做着吃。刚开始她一个人，掌握不好量，多了浪费少了不够。于是遇到马修就请他一块来吃。

马修接到邀请很开心，每次吃得很欢的样子，完了还主动把碗洗了，临走又悄悄地塞一点钱放在橱柜旁。女儿再三说"不收钱的"，马修就连忙摆手："要的啦，要的啦……"女儿被他逗乐了，经常笑着跟我讲："这个美国男生太搞了。"

牛津大学假期很多，每次禄禄回国说起马修，便想着马修爱吃什么，给他带点烤鸭什么的。禄禄妈妈当然也很八卦，于是便试探着问她：

"你是不是有点……"

"怎么可能，我绝对不会找外国人的。马修个子又高穿着又奔放，你知道美国人穿衣打扮的样子啦。"

管妈：马修1米84，我女儿只有1米5。按常人的眼光看上去是不登对的。

也许马修早有这个意思吧。

禄禄说，有一次马修假期回美国，他特意向妈妈请教怎么做果茶。回来后就买了两个一模一样的杯子，当两个人坐在公用客厅里一起学习时，他便很用心地做好两杯果茶，放在各自面前。"天啊，太好喝了。还有原来果茶可以做得这么漂亮。"禄禄回忆说，她就是从那天起慢慢爱上美食的。

还有一次在图书馆，学习之余两人合上书聊聊天。

马修：你会找外国人吗？

禄禄：外国人肯定不考虑。

禄禄：那你的目标人选是什么样的？

马修：黑头发，个子小小的。

禄禄：我想找个中国人，当然要看缘分喽。

马修："我比较腼腆，假如有女孩子喜欢我，我希望她主动跟我表白，因为万一我表白被拒绝，就连朋友都没得做了。如果她表白要是我并不喜欢，我还是会和她做朋友的。"

这样的话马修跟禄禄说了很多次。禄禄笑着对管妈说："他很搞笑啦，说女孩子要先表白。哪有这样的呀。"

三、定情

日子就这样如歌行板，每天两个人一起去图书馆一起回来一起吃饭，但没有过多地问及个人问题。直到大三那年，又到了夫妻周年纪念日这天，马修依然提前买了电影票和定了餐。

也是在那段时间，禄禄看到周围女生都有男朋友了，她也有点羡慕和遗憾，开始认真地考虑起这个问题来。

管妈曾经对禄禄说过："妈妈希望你找一个大你四岁或八岁的，属相很重要，属相登对的，家事就会比较顺利，一家人都会平平安安，少烦恼。我和你爸爸就是。"大概是父母的影响，她开始留意谁大她四岁或八岁。闺蜜听了，噗嗤一声笑了："大八岁，怎么行？都有代沟啦，你妈妈太搞笑了。"

牛津大学有组建"学院家庭"以帮助学弟学妹的传统。大二那年，禄禄和马修组成了一对"学院父母"，一起照顾一个来自香港的新生。马修很看重这个身份和职责，每年的"学院父母"日，他会提前买好鲜花和电影票，两人一起庆祝和 happy。

到了大三纪念日那天，禄禄看着兴冲冲的马修，她猛然发现，"虽然是个外国人，但他做的事情都是男朋友该做的啊。"因为那年假期，马修要回美国过圣诞节，禄禄和同学打算坐游轮去欧洲旅行。两人隔天晚上一起庆祝纪念日，看完电影回到宿舍厨房，开了瓶葡萄酒。

禄禄：

"喝下去以后，许是葡萄酒的化学反应，我喉咙里头就三个字，不停地要往外蹦，我端着酒杯望着眼前的马修忍了又忍，终于脱口而出'I love you'，这三个字说好以后，我一仰头喝完酒，就跑回宿舍里了，我在房间里不停洗脸，笑……我疯了，疯了……然后就躲进被子里朦朦胧胧睡着了。

"第二天早上起来，我已经恢复平静了，临行前跟马修去告别，祝他圣诞快乐下学期再见。马修就一把抓住我，'你，昨天晚上说的话，还记得吗？'"

禄禄默默地，点点头。

马修就一把把她拉进怀里。

那天是 2014 年 3 月 19 日，生命中一个闪电般的刹那决定了未来人生的走向。

四、眷侣

大三学院放假时，马修希望禄禄能留下来陪他，禄禄就去学院网站找工作，当时有图书管理员和航运大数据两个选项。禄禄心想，航运大数据没经验，就图书管理员吧。马修说，图书管理员人人都能做，你为什么不挑战一下自己。于是她就去了航运，果然很有意思，在那里她学到了很多大数据的知识和积累了最初的从业经验，和第一任老板的合作也十分受益。为之后顺利加入加拿大在美国的城市银行从事数据分析打下了坚实的基础。

2016年，两人在美国登记结婚。两家父母都没有宗教信仰，婚礼按孩子自己的想法办。马修父母给了五万元人民币。管妈关照女儿，不够我们来。禄禄亲手做了捧花、花环，伴娘的插花桌上的鲜花，等等。

2018年元旦，禄禄和马修在杭州以中国的风俗习惯举行了一场中式婚礼。禄禄的父母为马修父母和他的妹妹做了一套中式礼服。他们说，我们只生了一个孩子，一辈子就只能给她这样一个礼物，祝贺他们长大成人开启自己的人生之旅。

还有个事情很动人。管妈和禄禄的爸爸初次相见也是在中秋节，那是1987年，她20岁。三十年后她的女儿也是在20岁中秋时遇见了她的马修。从外婆的一只月饼开始，这段姻缘就满载着温情和甜蜜的祝福。中国人最期盼和向往的月圆之日成就了一对素朴的杭州青年，又远渡重洋传承和延续到英国，促成了又一段纯真无华的跨国之恋，真是机缘巧合天地有成人之美！

为什么很多跨国恋的成功案例内留学生之间占了大多数？

周三一个风和日丽的下午，我和管妈又做了一次访谈。半天无间断的交流一瞬而过，管妈生动流畅的叙述，几次有莫名的动容和感触。整理完这次记录，品味着她女儿四年的大学生活和恋爱经过，既有一种现代版童话爱情的美好，也极大地触及了中西方婚恋价值观和幸福的涵义。

留学生有个有利条件，他们自然而然地避开了某种既定规则、逻辑和标准的大环境。禄禄回想，她特别感谢的就是双方父母的宽容、接纳和支持。

在越来越多的高智男女婚姻难的当下，你静下来读一读，感受一下，或许可以解一点困惑，受到一点启发。月亮每年都很圆，爱一直都在，幸福从来不会舍弃每一个简单美好的灵魂。祝所有的父母们和孩子们家庭美满，幸福永远。

杨宇行（禄禄）

2005—2008 年	杭州江南实验学校
2008—2010 年	杭州长河高级中学
2010—2012 年	上海师范大学剑桥国际中心（A-Level 课程）
2012—2016 年	牛津大学数学硕士

Matthew Zimmer（马修）

2007—2011 年	美国康涅狄格州沃特福德高中
2011—2012 年	Gap Year, South Africa & Semester at Sea
间隔年	南非及海上学府（周游世界的游学项目）
2012—2016 年	牛津大学化学硕士

第三部分

牛津学子

牛津大学面试的六个关键细节

St Catherine's 学院　胡　阳

2018 年，我还是一个对申英一无所知的菜鸟，牛津对我来说还是一个遥不可及的梦；2019 年，我已经正式成为牛津这个大家庭的一员。牛津之路有过波折，有过迷茫，也有过奋斗，但都已经成为过去宝贵的回忆。看到这篇文章的学弟学妹们，我不希望你们也和我一样自己摸索走弯路，我会用申请牛津时最真实的心理路程和经历，手把手带你们走过六个重要环节：申前准备、选择专业、选择学院、写文书、笔试以及面试，希望看完之后会对你们有所启发和借鉴。

申前准备

其实最开始我对我能考上牛津并不持乐观态度。我的学校从我上一届才开始有学长考上牛津，可以说一开始我是抱着试一试的态度。但是到了 A 考前一年，老师、同学和学长学姐都给了我很多鼓励和建议，认为我很有希望考上，我这才开始着手认真准备申请牛津。所以，正在阅读的你，It's never too late to prepare。如果你离申请还有好几年的路要走，那么恭喜你，你可以在课余时间钻研自己感兴趣的学科，在课内打下坚实基础之外，通过参加奥赛或超前学习大学知识来为自己拔高（这一点非常有帮助）。如果只有几个月了，不要着急，按着下面的建议一步一步来，你也能很从容地备考。

选择专业

申请的第一步就是选择自己的专业。确定了专业，才能有后续。这一关对我来说不难，因为我喜爱物理，有着很明确的目标，家人也很支持。那些和我一样有着明确目标专业的同学可以直接跳过这个板块。但倘若没有一个很明确的目标，对所有学科感觉都差不多，那应该怎么选择专业呢？

十年寒窗苦读，总有几门学科是你对得上眼的，哪怕你没有十分热爱某门学科，也应该对其中一些抱有好感。你可以尝试对这些有好感的学科继续挖掘，试着看一些大学的教材或公开课，明白自己是否真的对它抱有超过三分钟的热度。俗话说："兴趣是最好的老师。"接下来的大学四年里你整天面对的学科必须是自己有兴趣的，否则很难学好。光有兴趣也是不行的，还要明白自己是否有天赋和能力学好这门学科。想象一下，一个看到公式和计算就头疼，平常物理经常拿不到 AB 的人，去牛津学物理不是件吃力不讨好的事情吗？最后，还要和家里人一起商量，看看他们是否支持你的选择。家人是供你读大学的经济支柱，出于家境或就业等原因，他们可能对你专业选择有着特定的要求。以上三点要综合考虑，缺一不可，才能选择出最适合你的专业。

申英的 UCAS 系统允许你报至多 5 个大学的不同专业，但只提交一篇有词数限制的文书给所有大学看。我非常建议你报单一专业，这样能够使文书效率最大化，还能集中准备后续的笔试面试。若一定要报多个专业的话，这些专业必须有相似之处，能够在一篇文书中全部讲清楚，比如物理和数学、材料科学和化学、经济和管理等。

选择学院

确定好专业后，我们就来到了下一个难关：选择学院。当初看到牛津大大小小 38 个学院，我立刻就懵了："天啊，每个学院我都不了解，究竟该报哪个学院？"别急，接下来我来分享一些选择学院的心得和窍门。

我不想一概而论，因为每个人的追求不一样，但是以下两点因素应该是所有人都要考虑在内的：

1. 录取概率

牛津官方虽说"学院选择不会影响录取率"，但历年录取数据和我之后的面试经历证伪之。如果你像我一样，对录取牛津没有十足的把握，但是又"非牛津不可"，那我建议你把录取率作为首要考虑因素。对于你选择的专业，牛津每个学院每年的报名人数、面试难度、挑人苛刻程度都不一样，导致了录取率的不同。细分下去，每个学院的外国学生录取百分比，甚至具体到亚裔学生都不同。这些数据在一些牛津留学相关的微信公众号上可以找到，牛津官网上也可以找到，但是需要仔细搜索，花费很多时间。

2. 硬件条件

宿舍、食堂、运动设施等因素会很大程度影响到录取之后的学习生活体验。带着这几个问题去查中意学院的官网：这个学院是否会提供四年的宿舍？餐厅的食物是否好吃？宿舍是否离上课的地方近？另外，问已经就读的学长学姐也可以。综合硬件条件和录取概率，再选出想报的学院。我的一个学弟甚至后来跟我说他想申请最有钱的学院，因为那样可以确保住宿和设施的质量，这样想想也不是没有道理的。

写文书

决定了专业和学院，就该开始备考了。牛津通过四个部分来决定是否录取你：A 考预估成绩、文书、笔试和面试。A 考预估成绩和你以往在高中学校的大考成绩有关，由你的高中学校/留学机构直接发给牛津，你无法知道，能做的只有在接下来的大考中表现好一点。差不多到6月份就可以开始着手文书了，在这1000词限制的文书里，如何才能让自己脱颖而出，受到老师的关注呢？

我当时在写文书的时候，一直在回答一个问题：优秀的人那么多，凭什么学校要录取我呢？根据我对其他人文书的观察和辅导人员的建议，那些泛泛而谈的人基本都没有被录取，而那些用实际经历展现出自己的热情和努力的人则有大概率能进入下一轮考验。所以，文书中一定要有大量详细、具体的你自己干过的事情。

我的物理文书，事例构架是：因为看了×××科普书，所以萌发了对物理的兴趣，并且之后深入读了相关专业书（我有热情）。然后还在×××网站上超前学习和参加进阶物理相关课程，比如新加坡国大给高中生准备的H3课程（我很用功）。接着我还取得了好成绩，校内大考，校外奥赛等（我有实力）。最后我还蜻蜓点水了一下未来的职业规划（我有决心在物理这条路上走下去）。总结就是，因为我有热情，而且用功，还取得了好成绩，并决定当一名物理学家，所以我很适应学物理，你们应该录取我。当然文书不能是一个 list of examples，事例必须有条理地联系起来回答"为什么录取我"这个问题，这样文书才能流畅、有逻辑。开头可以用点小故事来吸引读者的注意力，比如和专业相关的童年趣事、生活趣事。写完以后，你可以找你的专业相关老师给你提建议，最后找英语老师帮你消灭语法表达错误。

笔试

你必须参加一个和你专业相关的笔试才有可能进入到最后的面试环节，比如报物理就需要参加 Physics Aptitude Test，报数学则需要考 Mathematics

Aptitude Test。笔试难度在 A 考和奥赛之间，会有超纲 A 考的内容，但是考试相关官网上给出了 Syllabus，你需要找出那些没有在学校学过的内容然后补习一下。

如何具体地准备笔试呢？首先，最重要的还是学校内容，必须打扎实，因为百分之五十以上还是在考这些内容。其次，对于理科（数理化等）来说，我认为以准备奥赛的方式备考对笔试很有帮助，因为超纲内容与奥赛内容契合度很高，比如物理笔试就有考到一些角动量、天文等知识。官网上也会提供历年的考试题目和答案，强烈建议在笔试前几星期练至少 3 套。我有一位校内成绩很好的学长就因为未练往年考卷，导致不熟悉题型而在笔试中没有发挥好。

我的那场笔试，比起之前几年的要稍微难一点，有一题的一小问我甚至没有做出来。好在时间还是比较充裕的，让我有把握把其他会做的题全部做对，等于是战略性放弃小分难题而保住其他题的正确率。所以说，做题策略也是很重要的。

面试

若前面的步骤表现出色，你会在面试指定日期前大概两个星期内收到面试邀请邮件。你需要选择是去牛津面试还是在其他地方网面。我十分建议亲自飞去牛津面试（吃住费用学院会包），因为这避免了网面信号不好等突发状况（好几个网面的同学都有这样的反馈，尤其是牛津那边网络不好的时候你根本没办法解决），而且去牛津当地面试会给你安排 3 场，有更多的机会发挥，增加你的容错率，但网面至多 2 场。

至于准备面试的话，可以多上英国论坛（比如 Student Room）看看以往面试的人的经验，网上也有各种非官方的往年面试题目，找一套，让懂你这个专业的家人或室友来给你进行几场模拟面试。面试是纯做题，有时候招呼都不需要打，进房间就开始出题让你做的那种。题目种类非常灵活，但至少会出一道和你文书相关的。我的物理面试，有中规中矩做考试题的环节，有拿篇超纲阅读测试你看懂了多少概念的，也有当场让你做实验测量数据的环节，甚至还有给你看个短视频让你解释你从未想过的物理现象的环节，这都是我之前完全没有想到的。所以，猜题押题基本是不可能的，而广泛涉猎相关书籍、新闻，多思考相关问题是我认为能增强你面试表现的好方法。

最后我还要谈到一点，面试难度和形式每个学院差别巨大，我的最后一场面试在另一个学院，体验比起来和前面两场差了很多，题目难且计算量大，导致我紧张算错了很多题，你只能祈祷你这个学院的面试不是你讨厌的那种形式。不过即使形式不同，认真严肃的模拟面试也是可以锻炼你的心理素质，帮助你表现得更好。

以上就是走向牛津之路最重要的几个环节。接下来就是漫长揪心的等待啦！结果会在 1 月份左右公布，如果传来的是喜讯，那么恭喜你，我们在牛津见啦！

胡阳

2011—2014 年	江西省南昌市第二十八中学
2014—2014 年	江西师范大学附属中学
2014—2018 年	新加坡淡马锡初级学院
2019 年至今	牛津大学 St Catherine's 学院物理专业

标签的重量

女王学院　杨宇行

每当有人问起我的本科学校，我总是怀着忐忑的心情告诉他们是牛津大学。作为一所历史悠久、世界一流的高等学府，牛津大学培养了众多的社会名人。我忐忑于"牛津毕业生"这个标签，会让人联想到那些熠熠闪光的名字，从而期待我拥有超群的工作学习能力，独特深刻的见地，又或者是未来能成为某行业的领军人物。对我个人来说，能在牛津度过四年的本硕生活是非常"幸运"的，因此常常担心自己不够优秀，担不起"牛津毕业生"这个标签。

出生并成长在浙江一个十八线小城镇上的我，申请条件并不突出。高二以前，家里完全没考虑过要送我出国读大学。然而一个偶然的机会，爸爸了解到通过学习 A-Level 课程申请国外大学，特别是申请牛津剑桥等知名学府的途径。他很心动，也最终说服了我去尝试这条小众的道路。入读A-Level 学校后，英语的弱势凸显，不过好在同学之间相互帮助的氛围浓厚，学姐学长乐于传授申请经验，老师也可以如朋友般平等交流。申请路上的努力、等待、紧张、期盼，以及学校老师、学长的帮助、鼓励，都是十分可贵的财富。

如愿来到牛津，第一眼就爱上了这个城市。秋天，梧桐树点染了些许橙黄色，天空湛蓝高远，环绕牛津周围的泰晤士河静静地流淌，百年历史的建筑群落显得深邃厚重。此后数月，我见过开满河畔的水仙花、雨后初晴的云彩变化、大雪纷飞中的枯枝绿松。这座城镇的景色四季不同，严肃古老，却又充满活力。能在这个历史悠久、景色优美的校园中度过四年，亦是种幸运。

留学生活需要面对方方面面的挑战，小到饮食、语言，大到学业和个人心态调整。顺利考上名校，家人和自己在出国前主要忧心饮食和生活方式是否能适应。在学院的第一餐晚饭——印度咖喱配米饭，就减轻了我的焦虑。闻到熟悉的米香的一瞬间，我仿佛坐在了家中的餐桌，盘中的印度咖喱看着也多了几分亲切。再舀一勺细细品尝，风味十足，是出乎意料的好滋味，我甚至在心里开始隐隐期待，未来的留学生活还会遇到哪些新奇的事物。

对事物的好奇和包容，让我很快适应了饮食和生活上的变化，然而语言和学业的困难却比预想的要难克服得多。刚到英国的一个月，我很难参与到多人的讨论中。因为我常常在中途漏掉些信息而无法完全理解大家讨论的内容，又或者不能很快地将自己想要表达的内容组织成英文。好在周围的朋友一直很积极地邀请我参加聚会，在讨论的时候常来询问我的看法，并耐心地听我不流利地表达自己。实在找不到合适的语言的时候，他们鼓励我不要害羞，已经说得不错了。

语言的不熟练除了在社交上带来不便，更显著地反映在学业上。高中的佼佼者，到了牛津泯然众人，这样的心理落差一直存在。考上了牛津后，可笑的自尊心让我变得害怕告诉家人和以前的朋友在学业上遇到困难。我别扭地觉得，这样会打破他们对我"牛津学霸"的印象。似乎考上牛津这件事，就证明了我的学业能力是很强的，是可以依靠自己的力量来解决问题的。所以在一段时间内，我拒绝去寻求帮助。憋着一股劲，好像如果逼自己再读一读就可以理解了。事实上盯着的笔记就像天书，无谓浪费了很多时间，考试前就变得焦躁又绝望。除此之外，我变得怕见老师同学，也开始怀疑自己做什么都不行，越来越没有信心。

因为承受着学业上的挫败和压力，我开始躲避遇到的困难，宿舍里的小厨房成了我的避难所。从这个时候开始，我跟着网上的菜谱学做家乡菜、做烘焙，也偶尔上传分享自己做的作品。以往对学习较真的劲，转移到了美食制作上。手艺渐渐提高的同时，我在网上也积累了小小的人气。美食上获得的小小成就，让我不再认为自己是一无是处的。

料理和烘焙成了我的爱好和特长，也为我收获了一段爱情。我的先生马修，是我同一年级的同学。有一次我买了一台料理机，马修见到了就温温柔柔向我借去用。把料理机还给我的时候，还给了我一杯他做的花生酱冰激凌奶昔。我尝了后十分惊讶，比我做的奶昔好喝太多了，才了解到原来他也很喜欢美食。我们后来常在厨房一起做饭，有时我做中餐给他品尝，有时他给我介绍他做的西餐，有时就是做杯热巧克力或开瓶啤酒聊聊天。在一次次天南地北的聊天中，我们慢慢地熟悉，最后走到了一起。

和马修交往之后，我向他袒露了自己在学业上遇到的难堪。他告诉我，寻求他人的帮助并不会让别人认为你软弱无用。坦率地承认自己的弱点，利用可用的资源来克服解决问题，恰恰是心智成熟的体现。学习有很多种途径，自己读书理解是一种方式，查资料或者询问同学有时可能更省时省力地达到你要的目的。他的一番话让我茅塞顿开，太在乎别人是如何看我的，却忘记了自己最本质的需求只是想把问题弄懂。在此之后，我抓住机会开始向同学请教，尽量弄懂不理解的知识点。很有趣的是，失去的信心竟然就在询问中一点点地找了回来。

牛津四年的经历，让我对于"牛津毕业生"这个标签有了一些新的认知。我原以为它的分量来自外界和社会对名校毕业生的期待，其实不然。这一份的重量，来自内心对自己的期待。考上牛津并毕业，仅仅意味着十几年连续的求学阶段告了一个段落，但这不是学习的终点。四年，我在生活上变得独立，心理上变得成熟，学会了对事物抱有好奇，也学会了对不同背景人群的理解和尊重。毕业三年了，我依然在工作生活中不断学习并精进自我。如何变得更好更优秀的人，将成为我一生的必修课，也是让自己无愧于"牛津毕业生"最好的方式。

一万小时定律

女王学院 祝孚嘉

走进牛津这件事，是个很长的故事，也是个很短的故事。就好像优秀是一种习惯，但有时也是一瞬间的发奋图强。当然，将两者结合在一起，就是实现理想的终极法则了。

故事的开始是从我坚定地相信自己和周围的普通人不一样的时候，大约在小学吧。你说我是"天将降大任于斯人也"也好，是某一刻灵光乍现也好，还是被励志故事洗了脑也好，都不重要，重要的是不断说服自己注定将在未来的某一刻取得卓越的成就，并使自己坚定不移地相信这一事实，便是所有成功的开始。因为只有心正且定，努力的方向才不会出现偏差。

有些人在刚开始就因为畏惧或胆怯而不相信自己可以做到，而有些人则是在困难重重的漫漫长路上逐渐放弃的。这漫漫长路该如何走过，不仅要靠自己，还要靠许多将给予自己帮助的人。

我最感谢的是：我的父母从未将好好学习天天挂在嘴边；他们也不常对我嘘寒问暖，总是问"今天吃了什么？冷不冷？热不热？"这样的问题，而是身体力行地告诉我如何成为一个具有优秀品质的人，给我足够的自由空间去独立思考，并尽可能让我自己作决定，同时承担随之而来的责任和结果。正是这些方式方法，造就了我后来所拥有的一些优秀品质。至于我的父母具体是如何教育我的，在我母亲的文章中已经提到了一些，大家可以去参看，这里不再赘述，但请允许我真诚地对他们说一声谢谢。

接下来要说一些我自己的故事了。我目前在牛津读化学专业，对它的喜爱是从白老师的课程开始的，她是我高一的化学老师。高一开学不久，年级里需要选取 50 位同学参加江苏省化学奥赛的培训，人员通过考试排名筛选。平时感觉不错的我鬼使神差地考了第 52 名，与培训班失之交臂。成绩出来的当天，我在走廊上发呆，碰巧白老师路过，她也是组建化学奥赛班的负责人，看到我一脸落寞与茫然，问了一句："你喜欢化学吗？"我坚定地说了一声"喜欢"，不料化学老师沉默了几秒钟后突然说："那你来旁听吧，喜欢最重要！"有人在乎自己喜欢什么并为自己打破规则是一件多么令人感动的事情啊，所以后来的我拼命学习，一跃成为培训班里的前十名，并在高一那年暑假拿到了江苏省化学竞赛二等奖。这些年里我对于化学的喜欢就像一个良性循环一样，学得越好就越喜欢，越喜欢就越努力。诚然，有些人会觉得我是幸运的，为什么当年站在走廊上的人是我。但其实这并不重要，我恰恰觉得重要的是，我的父母在我很小的时候就教会我感恩的重要性，我才会为别人对自己的好如此动容。所以我相信，懂得感恩的你们也一定会在人生的某一刻遇见自己的贵人。

后来，应该就是申请的故事了。我记得的都是一些印象比较深刻的零碎片段。比如，我的电脑里有一个文件夹专门存放我的个人陈述的修改稿，每一版都有，最后递交上去的应该是第二十七版；比如，面试前的那两个月，我保持每天晚上十二点睡觉早晨六点半起床的作息，早中晚三餐一共两个小时的吃饭时间，其余时间都在看书；比如，我在参加牛津面试前（高三的上学期）看完了高三 A-Level 课程还没有教授的全部化学教材，看完了美国麻省理工学院大学一年级的化学公开课，牛津学长大学一年级的以及与面试比较相关的所有笔记。面试之前，我可以看着教材大纲脱口说出所有的知识点和公式；那时的我应该是出生十八年来最努力的样子，因为我在用行动坚定地迈向自己的未来，结果我第一轮面试就通过了，以极低的预录取条件拿到了牛津 Queen's 学院的化学专业 Offer。在后来的生活中，我听到过很多人对我说起他们努力的故事，但听完后我都觉得稀松平常。因为很多时候，我们只是以为自己很努力而已，殊不知那些得到成果的人究竟在背后付出了多少。

再后来，我如愿以偿地走进了我梦想中的大学，感受了很多从前在想象里才会出现的画面，但又有很多人与事跟自己以为的相差甚远。我是个爱好很多的人，写歌、调酒、旅行。我还是个什么都想做的人，学习、创业、写书、出专辑、交朋友。可是牛津的学习真的很紧张，无论是学习内容的深度还是日常阅读的广度都在对我说："你需要放弃一些事情！"但我的完美主义总是不允许我对任何未放弃的事将就与凑合。直到后来我意识到，如果什么都想做，就必然要用不停的熬夜以至损害身体健康为代价，甚至还可能什么都做不好，直到我心甘情愿地认识到，有些时候，放弃也是一种得到。

除了学习紧张以外，这里有很多我从前想象不到的惊喜。我印象最深的就是大一的时候，我和几个朋友在 Oxford Union 的门口排队听演讲。因为门票数量有限，先到先得，所以我们很早就去那里抢占位置，从中午一直排到晚上八点，队伍里有一些外国同学直接打起了地铺坐在墙边读书。这漫长的八个小时过后，我们等来的是世界闻名的霍金教授关于宇宙起源的演讲，全场两层楼座无虚席。他真的如同我无数次在新闻报道里听闻的那样，全身上下只有三根手指可以动，说话发声全部都是用机器完成。但是他的演讲幽默风趣，短短四十分钟便将他最重要的研究理论以最易懂的方式向我们展现出来。听完那场演讲之后的我红了眼眶，我为他所拥有的勇气和力量而深深动容，他用最漂亮的姿态取代了原本可能会一蹶不振的生活，并为这个世界的进步与发展做出了伟大的贡献。更加令我感慨万分的是，他在那场演讲不久之后的几个月里，就离开了这个世界。我何其有幸，能拥有这样的机会，是牛津让我看见这个世界最顶峰的样子。

Oxford Union 还会不定期地邀请各种商界、政治界、学术界乃至时尚界的顶尖人物来做演讲，不管你我有怎样不同的爱好，我们都能在那里遇见自己想要成为的偶像。牛津每个学院的教授，一年只收寥寥几个学生，并且我们未来三年的本科时光也都将和自己当年面试时候的教授一起度过。不像国内大学的巨大报告厅，我们和教授上课的地方是那种连上楼梯的时候木头都会被踩得嘎吱响的房子，一间堆满了书的简单办公室，一组只有两三个学生，教授坐在对面，一笔一画地在小白板上和我们讨论课业问题。这样的场景太让人着迷了，我仿佛看见智慧的电波在空气中流淌，一触即发的就是人类未来某一新发明的火花。还有，我们每个学院的图书馆都是24小时的，不论多晚，总能看见或多或少的学生在埋头苦读，在冬天的夜里，那里永远都闪着最明亮温暖的光。从图书馆出来以后，路过学院的门卫处，里面总是有人会朝我点头微笑，然后我轻轻推开学院的大门，街上行人已经散去，只有卖炸鸡的小贩的车还亮着，如果很饿的话，我就会去买一盒薯条，然后走向回宿舍的路。

我很喜欢牛津初夏的样子，这里有最蓝的天空，爬满古老学院墙面的紫藤，高大树木间斜射的阳光，还有傍晚时吹动心田的暖风；我很喜欢牛津考试期间，大家穿着白衬衫、黑袍子，胸口别着康乃馨，脚步快速地从大街小巷走向考场；我很喜欢牛津夜晚的样子，昏黄的路灯照着长街，街上偶尔走来一群微醺的人在开怀大笑，天空是很深的蓝色，古朴的建筑在它的映衬下显得庄严肃穆，像极了经典英国电影里的场景。当然，我最喜欢的还是牛津平时的样子，这里的每个人都有自己的理想，每个人都知道自己要走向什么地方，很少看见有人在大街上不知所以地游荡，好像在这里，总能看见希望，总能看见奇迹出现的微光。

总结一下，我觉得成功需要坚定的信念，超乎寻常的努力，适当的放弃和对于所爱永不停歇的热情。借用一句我最喜欢的日本设计师山本耀司的话："我从来不相信什么懒洋洋的自由，我向往的自由是通过勤奋和努力实现的更广阔的人生，那样的自由才是珍贵的，有价值的。我相信一万小时定律，我从来不相信天上掉馅饼的灵感和成就。做一个自由又自律的人，靠势必实现的决心认真地活着。"

最后我想把这篇文章送给所有还未开始努力、正在努力，或是已经通过努力取得了阶段性胜利的你们。希望还未开始努力的你能找到自己热爱的事情，正在努力的不要轻言放弃，已经胜利的懂得珍惜，让我们一起互勉前行！

你要自己做决定

Wadham 学院　宋系风

很荣幸能被邀请在《筑梦牛津》中写上这么一篇文章，分享在牛津生活的些许感悟。

想到父母最常对我说的一句话是："这方面我是一窍不通的，你要自己做决定。"也是这句话和我一直以来生活的方式，概括了我这个人。大学生活的最后一年，我也常常反思，自己其实是一个随波逐流的人，很多事情都是随波逐流地在做，没有规划没有安排，也可以说没有刻意（中性词）。学习是作业截止前一天熬夜写，工作是身边的人问我如何，我也答不上来。生活中不可避免地在以别人做榜样，或是基准线，对别人的要求不忍拒绝才给自己安排了一件件的事情。我是一个十足的慢性子，又或者是所谓的真佛系青年。以这个社会的生存标准，这样好像太不对了。偶尔有一次和朋友发牢骚：自己在牛津这么久，书么没怎么读，事儿也没怎么干。她和我说：如果有人想找好吃的餐馆（尽管我个人觉得没有），想去有特色的学院，都会来问我，这些也是我在这里生活的收获啊。这些话让我确确实实体会到了自己的存在感。写公众号是因为常有人问我牛津如何如何，同学会问我租房水电煤选什么公司，学习上期末化学专业小伙伴自动拉了个群，我对答疑乐此不疲。虽然我一直知道，沉迷于这样的一件件小事，根本的原因是因为没有一个更宏大的框架需要我去建立，就好像高中里写作文我长篇大论的细节描写。

落笔前读到几篇同学父母的育儿经，从小我都属于是放养式成长，看到其他家长在引导儿女成长方面的心思实在觉得很新奇，敬佩之情也难以言表。一个人成长的经历有太多未知，怎么才能让自己或者孩子的生活快乐，乃至成功？（于我，快乐为根本）如何要建立正确的世界观？父母的引领，老师的教导，班集体的氛围，太多不可控的因素。年纪轻轻简直要有恐娃的心理。反观我个人的成长经历，印象特别深的是某次作文我"斗胆"问了问该怎么写，父母二话没说，直接帮我写了一篇。他们这种高涨的写作兴趣很有可能是因为当时还没进入高中千字文的阶段。不敢说这种野蛮生长的方式和温室里精心修建栽培孰优孰劣，只是和我一样成长环境状态的在我身边不算少数，各有发展。当然，我现在的个性以及在大学生活里的种种，自然也是复刻了父母。说这些是想各位读者看完前几章，可能会有一种身为父母我还做得不够好的体验，作为子女的我们也会有同样的感慨，但在其他人看来又都是一样。就好像基因表达的任意性，作为和不作为各有终点。未来迷茫未可知，当下潇洒一把并无所谓。父母对我说的话也时常跟着下一句："做你觉得好的事情就可以了。"

引用一段丰子恺的《大账簿》作为结尾：

我仿佛看见一册极大的大账簿，簿中详细记载着宇宙间世界上一切物类事变的过去、现在、未来三世的因因果果……不倒翁的下落，手杖的结果，灰烬的去处，一一都有记录；饭粒与铜板的来历，一一都可查究；旅馆与火车对我的因缘，早已注定在项下；片片白桃花瓣的故等，都确凿可考……凡我在三十年中所见、所闻、所为的一切事物，都有极详细的记载与考证……

我确信宇宙间一定有这册大账簿。于是我的疑惑与悲哀全部解除了。

宋系风和她关于牛津的 N 件小事

1. 开学、考试、吃 Formal 必备着装 Sub Fusc，圆年少的我一个哈利·波特梦。

2. 在非常有仪式感的开学典礼上，新生们穿着 Sub Fusc 进入被称为"牛津圣堂"的谢尔登剧院，听副校长讲一段完全听不懂的拉丁文。

3. 一旦穿起了袍子免不了被路过的游客们围观拍照，场面堪比国宝熊猫。

4. 雨天打伞反而会显得格格不入。淋雨帅，且掉发。风大雨大但不怕冷。冬天的暖气让南方靠抖取暖的小伙伴大开眼界，9月到4月保你温暖。

5. 偷偷分享经典搭配：一件超超超级厚外套 + 一件薄内衬。牛津的街头，短袖、晚礼服、羽绒大鹅、毛衣、衬衫，让你怀疑是不是冷只是错觉，真真魔幻乡村。

6. 市中心学院的草地上经常乱入鸭子，但最多的还是松鼠。都市传闻：学院房间窗没关，回来发现房间里蛋糕被松鼠偷吃了。

7. 哦不好意思，开学考试 Collection，成功让你的假期缩短一个月。刚开学一句"Collection 复习得怎么样"，喜提称号"话题终结者"。"但 Collection 不影响最终成绩，没事的。"走出考场的我如是说。

8. 然而英国 1.5m 宽的床都敢叫 King size，国内怕不都是玉皇大帝 size 了。

9. 自家食堂好不好吃那可是众说纷纭，最能体现水平的还是 Formal/Guest Night。

10. 妄图打卡所有学院实在难度太大，赶紧抱团，吃遍牛津不是梦！

11. 在以黑暗料理著称的英国超市采购原材料太难了。来来回回去 Tesco, Sainsbury, M&S 几家超市。不瞒您说，牛津也是有 Waitrose 的，每当伦敦同学又说起有什么好吃的时候，掏出谷歌地图，看看距离，成功打消念头。好在有亚洲超市撑腰。汽车站方向两家，Cowley 三家。采购回家的东西还是搁自己房间里安全。房间小冰箱有必要搞一个。

12. Porter 侃大山能力喜人，平时交个作业聊半小时为基本操作。

13. 打扫自己房间的 Scout 圣诞节也不忘送暖心的小礼物。

14. 运气好的话，假期申请住宿还能住在原来房间。当然得来一封长邮件哭诉自己国际学生在外漂泊孤苦无依。

15. 大好假期在牛津待着干吗呢！肯定欧洲走起啊！运气好时 100 英镑以内往返机票，畅游东西南北中欧。还有 Varsity 牛剑滑雪营（自创土气翻译），只要勇敢地在雪地里扎几个跟头，四舍五入也是体会了滑雪的魅力。

16. 单纯旅游的话，签发地决定签证长短，大家懂的。毕竟我们有将近 4 个月暑假。不瞒你说，一年 12 个月，有 6 个月都在放假。但回国常常待到发霉，竟然有点思念牛津。

17. 校园风景真的非常美丽。每个牛津人肯定都有一段疯狂探索各个学院的经历。冬天的晚霞是粉紫色的。（朋友圈随时刷屏，固定时段会有密集的晚霞 po）公共假期的大街上也总是挤满了游人，乡音亲切。

```
图书在版编目(CIP)数据

筑梦牛津 / 潇湘蓝主编 .— 上海：文汇出版社，
2020.8
 ISBN 978-7-5496-3230-5

Ⅰ . ①筑…　Ⅱ . ①潇…　Ⅲ . ①家庭教育　Ⅳ . G78

中国版本图书馆 CIP 数据核字 (2020) 第 111693 号
```

筑梦牛津

主　　编　潇湘蓝
责任编辑　徐曙蕾
装帧设计　高静芳

出版发行　文汇出版社
　　　　　上海市威海路755号
　　　　　（邮政编码 200041）

照　　排　南京理工出版信息技术有限公司
印刷装订　启东市人民印刷有限公司
版　　次　2020年8月第1版
印　　次　2020年8月第1次印刷
开　　本　710×1000　1/16
字　　数　180千
印　　张　13.75（插页14）

ISBN 978-7-5496-3230-5
定　　价　45.00元